子どもの脳は8タイプ

最新脳科学が教える才能の伸ばし方

加藤俊徳

SB新書
686

はじめに　すべての人の脳は可能性にあふれている

「落ち着きがない」「周囲とうまく付き合えない」「意見が言えない」……このように「できないこと」ばかりに注目して、悩んでいる方は多いです。

それが我が子のこととなると一層「普通ではない」部分が気になってしまう。親は我が子に平穏に、また幸せに生きてほしいと願うものですから、無理もないことです。

でも、今まで幾万の脳を見てきた私からすれば、脳に「普通」なんてありません。すべての人の脳は、可能性にあふれています。そして、個々の脳の「今あるがまま」に最大出力を表現しようとしているだけなのです。人はみな、それぞれの脳に素晴らしい宝物を持っています。

一見、「欠点」と思えるところにも、脳から見直すことで必ず才能の芽が見えます。

私は、26歳で小児科医となり、翌年の27歳から磁気共鳴画像装置（MRI）を用いて、子どもたちの脳と日々、向き合ってきました。言葉で十分に自分のことを説明できない子どもの能力は、どんなに外見から診ても正確ではありません。特に、そこで、10年以上の歳月をかけて、人の脳の可能性を可視化するＭＲＩ脳画像診断法（脳個性診断）を編み出しました。

現在はこのＭＲＩ脳個性診断によって脳に障がいがある人だけでなく、脳がまったく健康なビジネスやスポーツの分野で活躍する方々への脳コンサルティングに加え、成長過程にあるお子さんへの学習指導、勉強法、進路指導も行っています。

ほかの医療機関で発達障がいとの診断を受けた小学生のお子さん、進学や進路に悩む中学・高校生のお子さん、さらには、大人になってから仕事などの社会生活で難題に直面し、困り果てて当クリニックの門を叩く方も少なくありません。

クリニックを訪れる方はさまざまですが、私のスタンスは一貫しています。脳には希望しかありません。

本書では、私が携わってきた最新の脳科学に基づき、脳の特性を次の8タイプに分けて解説していきます。

①**「リーダータイプ」**――周りに広く目配りができ、人を引き付ける力を持つ
②**「論理タイプ」**――記憶力がよく、理詰めで考える
③**「クリエイティブタイプ」**――好奇心が強く、何かを「好きになる力」が高い
④**「癒やしタイプ」**――周囲の状況、人に対する感受性が強い
⑤**「バランスタイプ」**――脳の変化の振り幅が一番大きい
⑥**「フレンドリータイプ」**――天然のポジティブ思考と協調性で友達が多い
⑦**「多動タイプ」**――経験値が溜まりやすく、物事を極めやすい
⑧**「エキスパートタイプ」**――特定のことに対する好奇心が強い

序章には、ひとりひとりの「すごい個性」がわかる「脳特性診断テスト」を載せました。まず脳の特性を理解する。そのうえで適切な対応をとっていけば、すべての人がそれぞれの環境で自分の強みを発揮できるようになるでしょう。

本書が、ひとりでも多くの方の脳の個性が花開くきっかけとなれば幸いです。

『子どもの脳は8タイプ——最新脳科学が教える才能の伸ばし方』もくじ

はじめに　すべての人の脳は可能性にあふれている　3

序章　脳特性診断テスト——脳タイプごとに8つに分ける　13

脳はすごい——障がいのある人の脳が教えてくれたこと　14
子どもの才能を伸ばし、よりよい親子関係を築くために　17
「ダメな脳」は存在しない　20
子どもの脳は8タイプ
——ひとりひとりにフィットする才能の伸ばし方　25
「今の脳」で一生が決まるわけじゃない　38
最高の子育ての鍵は、脳科学的な理解　44

思春期の子どもにとって一番重要なこと　49
ひとりひとりの「すごい個性」がわかる！
脳特性診断テスト　59

第1章　「リーダータイプ」の才能の伸ばし方　67

リーダータイプの取扱説明書　68
リーダータイプを伸ばす言葉がけ　76
言葉がけのコツ　78
リーダータイプを伸ばす習慣　79

第2章 「論理タイプ」の才能の伸ばし方 85

論理タイプの取扱説明書 86
論理タイプを伸ばす言葉がけ 94
言葉がけのコツ① 伝達力が高い論理タイプの場合 97
言葉がけのコツ② 伝達力が低い論理タイプの場合 98
論理タイプを伸ばす習慣 100

第3章 「クリエイティブタイプ」の才能の伸ばし方 105

クリエイティブタイプの取扱説明書 106
クリエイティブタイプを伸ばす言葉がけ 116
言葉がけのコツ 118
クリエイティブタイプを伸ばす習慣 120

第4章 「癒やしタイプ」の才能の伸ばし方 125
癒やしタイプの取扱説明書 126
癒やしタイプを伸ばす言葉がけ 134
言葉がけのコツ 138
癒やしタイプを伸ばす習慣 139

第5章 「バランスタイプ」の才能の伸ばし方 145
バランスタイプの取扱説明書 146
バランスタイプを伸ばす言葉がけ 155
言葉がけのコツ 157
バランスタイプを伸ばす習慣 158

第6章 「フレンドリータイプ」の才能の伸ばし方 163
フレンドリータイプの取扱説明書 164
フレンドリータイプを伸ばす言葉がけ 172
言葉がけのコツ 174
フレンドリータイプを伸ばす習慣 175
第7章 「多動タイプ」の才能の伸ばし方 181
多動タイプの取扱説明書 182
多動タイプを伸ばす言葉がけ 189
言葉がけのコツ 194
多動タイプを伸ばす習慣 195

第8章 「エキスパートタイプ」の才能の伸ばし方 199
エキスパートタイプの取扱説明書 200
エキスパートタイプを伸ばす言葉がけ 206
言葉がけのコツ 209
エキスパートタイプを伸ばす習慣 210

終章 8タイプの「弱み」の脳番地トレーニング 217
1 「リーダータイプ」の弱みになりやすい記憶系脳番地の鍛え方 221
2 「論理タイプ」の弱みになりやすい感情系脳番地の鍛え方 223
3 「クリエイティブタイプ」の弱みになりやすい伝達系脳番地の鍛え方 225
4 「癒やしタイプ」の弱みになりやすい視覚系脳番地の鍛え方 227
5 「バランスタイプ」の弱みになりやすい思考系脳番地の鍛え方 229
6 「フレンドリータイプ」の弱みになりやすい理解系脳番地の鍛え方 231

7 「多動タイプ」の弱みになりやすい聴覚系脳番地の鍛え方 233
8 「エキスパートタイプ」の弱みになりやすい運動系脳番地の鍛え方 235
おわりに 脳に長所があるからこそ欠点に気がつく 237

序　章

脳特性診断テスト

——脳タイプごとに8つに分ける

脳はすごい――
障がいのある人の脳が教えてくれたこと

脳が半分失われたら、人はどうなるのか

私たちの脳は大まかに右脳と左脳に分かれているというのは、皆さんご存じのことと思います。

では、ここで1つ極端な例を挙げましょう。仮に右脳が失われたら、何が起こるでしょうか？

右脳は左半身、左脳は右半身の運動を司っているので、右脳が失われたら、左半身がまったく動かなくなってしまうと想像するかもしれません。これは半分正解ですが、もう半分は不正解と言えます。

たしかに左半身はかなりの機能不全に陥ります。

しかし、そうなるだけではなく、右半身の機能が格段に高まります。なぜなら、脳

には全体の機能を賄うために、残っている脳の質量を最大化しようとする作用があるからです。

実際、右脳が失われたら、その分を埋め合わせるかのように左脳が大きくなります。誤解のないように付け加えますと、右脳が損傷を受けたとしても、右脳が担っていたすべての機能を失うことは容易ではありません。脳には、損傷を最小限に抑えようとする仕組みが備わっているからです。

結果として、右脳が司る左半身の出力が失われる代わりに、左脳が司る右半身の出力が上がります。右半身の出力が倍増して、全体としてプラスマイナスゼロになるまでは言えないのですが、年齢や機能の種類によって異なるものの、大半の機能は回復する経過をたどります。特に、脳の重量が成人に達していない21歳以下、とりわけ5歳以下では、未損傷の脳領域が損傷を受けた脳領域を補うように成長していきます。

生きとし生けるものは、皆「今ある脳」の特性を精一杯、発揮しながら生きています。

すべての脳は、「今、できること」を表現しているだけ。そこに、その人の個性なり才能なり、何かしらの「真価」が秘められているのです。そしてそれは、いかようにも変わりえます。たとえ脳の右半分が失われても、左半分が増大するように。

この点において、いわゆる障がいのある人の脳も、障がいのない人の脳も、実は同じと言えるのです。

子どもの才能を伸ばし、よりよい親子関係を築くために

「変化すること」こそ、脳の個性

子を持つ親としては、我が子が心配なあまり、つい「できないこと」にばかりフォーカスし、何とか克服させようと手を尽くすのが常なのかもしれません。私自身父親でもありますから、その気持ちはよくわかります。でも、実は、**「すでに脳が表現していること」の中に、かけがえのない宝物がある**、ということをぜひとも皆さんに覚えておいていただきたいです。

さらに脳の発達状態（各部位が担う機能ごとの発達度合いのバランス）は固定的なものではなく、どんどん変化しうるものですから、可能性は未知数と言えます。

本書で皆さんにお伝えしたい一番重要なメッセージは、こうした**脳の仕組みへの認知を持って「あるがままの脳」と向き合うようになると、その脳の能力が向上すると**

いうことです。

単純に言うと、お子さんの脳を「できないことがある脳」ではなく「あるがままの姿で、その特性を精一杯、発揮している脳」と知ったうえで、お子さんと付き合うと、お子さんの能力向上につながるのです。

不思議に思われるかもしれませんが、これは脳科学的に説明ができる話なのです。

脳を知れば、親子の絆が深まる

脳は外部からの刺激によってどんどん変化します。我が子に「できないことがある」という前提で付き合うのと、「あるがままの姿で、その特性を精一杯、発揮している」という認知のもとで付き合うのとでは、子どもの脳に送られる刺激は、当然大きく変わってきます。

つまり、**「正しい認知」が「その脳にふさわしい刺激の源」となり、それが能力向上、才能の開花につながる**というわけです。

これは、子どもの脳にとってメリットになるだけではありません。

我が子は、一体、どのような脳の特性を精一杯発揮しながら生きているのか。それを知ることは、子どもに対する最大の理解と言っても過言ではありません。そして的確な理解は、相手との関係性の向上に直結します。

子どもの脳特性を的確に認知できれば、自然と子どもの「あるがまま」を受け入れられるようになり、付き合い方に悩むことも少なくなるでしょう。また、子どもとしても「親にちゃんと認知され、受け入れられている」というのは安心感と信頼につながります。

子どもの脳を知ると、こうして親も子も格段に楽になり、絆が深まるのです。

思春期を迎えると、子どもは徐々に親から離れていくものです。それが自然なことだとわかってはいても、寂しく感じる親は多いに違いありません。

でも、「あるがままの子どもの脳」を認知することができたら、仮に一緒に過ごす時間は幼少期よりずっと少なくなろうとも、より良好で健全な親子関係を築いていく道が開かれるでしょう。

「ダメな脳」は存在しない

「困ったな」の裏には稀有な才能が眠っている

前項で、どのような脳も、今、あるがままの特性を精一杯発揮していると述べました。

それは**周りから見て「優れた能力」としてその機能が出力される場合もあれば、周りには「困ったな」と受け取られる形で出力されることもあります。**

たとえば本書でご紹介する「8タイプ」の1つである「クリエイティブタイプ」の子には、その名の通り創造性が豊かという特性があります（ここで言う「創造性」とは芸術的なセンスとは限らないのですが、詳しくは第3章で解説します）。

ところが、クリエイティブタイプには「場の空気が読めない」という一面もあり、世の中の常識とは少し場違いなところで持ち前の創造性を発揮することが多い。それが周囲の目には「たびたび問題行動を取る、困った子」と映ってしまうケースがよく見られるのです。

ここでの本当の課題は、クリエイティブタイプの創造性あふれる行動そのものではなく、その行動を取る「時と場合」が適切でないことでしょう。

しかし多くの場合、周りの人たちがクリエイティブタイプの脳特性を理解していないばかりに、創造的な行動そのものを頭ごなしに叱ってしまいます。

すると、子どもの頭には「こういうことをすると叱られるんだ」とすり込まれます。

そして叱られるのは誰だって嫌ですから、せっかくの創造性の出力が弱くなってしまうのです。本当は創造的な行動を抑えるのではなく、「創造性を発揮する『時と場合』を選ぶ」という社会的なスキルを身につけられればいいだけなのにもかかわらず……。

しかしここで、周りの人たちが「このタイプの子は創造性がとても高い。ただし、ちょっと空気が読めないところがあるから、場違いなことをしてしまうことがある」と理解していれば、こんなことにはならないはずです。

もう1つ例を挙げると、「癒やしタイプ」の子は、常に優しく従順で、ほとんど自己主張をしませんし、自分が考えていることを言語化して相手に伝えることが苦手です。それはそれで、「こんなことで、将来、大丈夫だろうか？　厳しい社会を生き抜いていけるだろうか？」なんて心配になるのが親の性《さが》というものでしょう。

でも、この癒やしタイプには、自分が受け身である分、周辺の情報の受信力が高いという強みがあります。多くの情報を受信することで周囲を癒やし、尊重することができるという点は、8タイプ中トップであり、そのために友達も多い「愛されキャラ」です。

このように、癒やしタイプの場合、「自己主張をしない」「言語化が苦手」という点が親の目には「困った子だな」というふうに映ったとしても、その裏側には「受信力が高いために人を尊重し、その結果として人から愛される」という素晴らしい価値があるわけです。

その点を理解せずに、「もっと自己主張をしなさい！」「あなたには自分の意見というものがないの？」などといった言葉をかけるのは酷です。そのように接するうちに、やがてその子は周囲を尊重するという脳特性が出力されづらくなってしまうでしょう。

こうした例からも、それぞれのタイプの脳特性を理解することの重要性がおわかりいただけるかと思います。**理解が欠けていることで、その子の脳特性、持ち前の才能が失われることにもなりかねない**のです。

ひとりひとりの脳が持つ宝物を探し当てる

親の目に「困ったな」としか映らなければ、脳に何らかの課題があるように思えても無理はありません。当クリニックにも、問題行動を起こす我が子を理解できず、「この子の脳はどこかおかしいのでは？」と不安を抱えている親御さんが多くいらっしゃいます。

でも、本質的には「欠陥のある脳」は存在しません。

子どもはみんな個性的で、脳が表現している個性はさまざまです。親からすると「困ったな」と感じるような事柄であっても、ほとんどの場合において、子どもには親や周囲の人たちを困らせるつもりなどなく、ただ自分の脳特性を精一杯、発揮しながら生きているだけなのです。

そしてその子の問題行動の裏にある才能が見つかれば、もうよその子と我が子を比べている暇などありません。

自《おの》ずと子どもに対する接し方や言葉がけなどが変わり、すると子どもは、よりのびのびと自由に育ちます。何より子どもに関する悩みや不安、フラストレーションが少なくなり、親子ともに楽になるはずです。**すべては「正しい理解」から始まります。**子どもの素質を深く理解し、才能を伸ばしていきましょう。

子どもの脳は8タイプ――ひとりひとりにフィットする才能の伸ばし方

脳は21歳まで大きくなる

ここで少し、子どもの脳の成長についてもお話ししておきましょう。

生まれたばかりの赤ちゃんの脳は約380グラムです。それが生後4~8か月の脳の重量はおおよそ600グラム、2歳までに約1000グラム、3歳までに約1200グラム、……という具合にどんどん重くなっていきます。

これは物理的に脳が大きくなっている、質量が増えているということであり、男性は、19歳から21歳のときに平均1450グラムともっとも脳が重くなります。女性は、16歳から18歳で平均1340グラムとピークを迎えます。

ただし脳の細胞数は1歳くらいからどんどん減っていきます。それなのに質量が増えるのは、一つひとつの細胞が成長して、長く大きくなり、細胞間同士のネットワークの密度が上がるためです。

では21歳を過ぎると脳は成長しないのかというと、そのようなことはありません。**脳細胞同士のネットワークは、脳の重量が最大化した後にもどんどん構築されていきます。**情報が行き交う網目が緻密になることで、だんだんと複雑な情報処理が可能になっていくわけです。

また、子どもの脳と大人の脳では、水分含有比率が大きく異なります。胎児の脳の水分含有比率は約90%ですが、成長とともに減少し、質量の増加が止まる21歳頃には60〜65%になります。脳細胞同士のネットワークが増えることで組織の脱水が起こり、脳は重量を増やさずに機能を向上させることができます。

ちなみに、脳の水分含有比率は50代あたりを境に、また増えていきます。これは脳が萎縮することで、相対的に水分の比率が増えるということです。すると、徐々に思考の回転が遅くなる、物忘れが多くなるなど、よく言われる「脳の衰え」現象が見られ始めます。

このように、人間の脳は、ほとんどが水分の、非常に柔らかい状態から、徐々に脱水し、固くなるにつれて成長し、さらに年齢を重ねるとまた柔らかい状態になっていく、という順序をたどります。

よく発想の柔軟度を指して「脳が柔らかい」「脳が固い」「年を取るほどに頭が固くなる」なんて言い方をしますが、**脳科学的には、固い脳ほど賢く、複雑な思考力や判断力が高いと言ったほうが正しい**というわけです。

「脳番地」を知れば脳特性がわかる

脳には1000億以上の脳細胞があり、同じような働きを持つ細胞同士が集合体を形成しています。簡単に言うと、働きの傾向ごとに脳細胞の集合体を8つに分類したものが、**「脳番地」**です（29ページイラスト参照）。ここから、それぞれの脳番地について見ていきましょう。

①思考系脳番地

・前頭葉に位置している

・思考や意欲、創造力などの働きを持つ脳細胞が集まっている

②感情系脳番地

・左右の側頭葉にある扁桃体《へんとうたい》とその周辺、前頭葉の下面、頭頂葉にも位置している

・左脳の感情系脳番地は「自分の感情」を作り出す役割、右脳の感情系脳番地は「他者の感情」を読み取る働きを持つ脳細胞が集まっている。頭頂葉では、皮膚感覚を通じて感情を形成する。前頭葉では、社会性やモラルを通じて感情を形成する

③伝達系脳番地

・左右のこめかみの内側あたりに位置している

・自分の感情や思考、新たに得た知識情報などを、話し言葉、書き言葉、ジェスチャーなどによって伝達する働きを持つ脳細胞が集まっている

④理解系脳番地

8つの脳番地

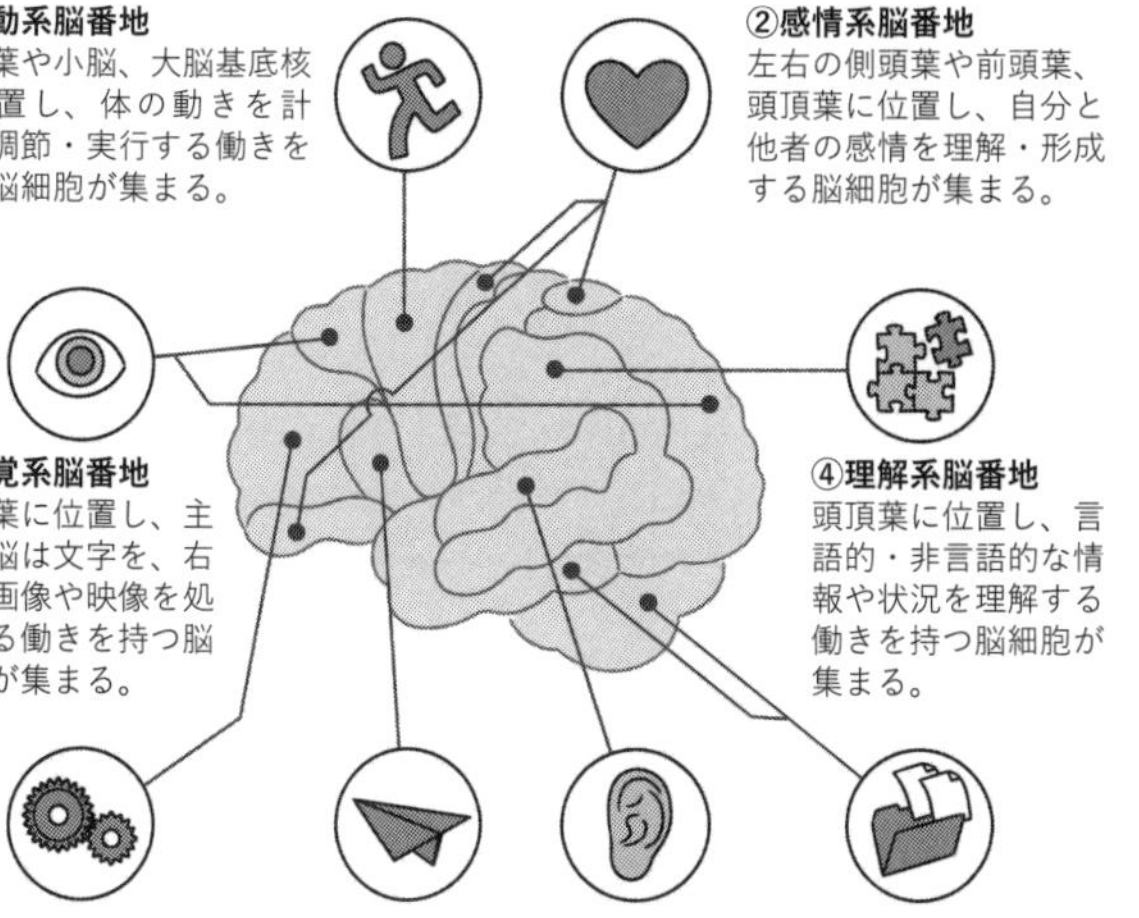
⑤運動系脳番地
前頭葉や小脳、大脳基底核に位置し、体の動きを計画・調節・実行する働きを持つ脳細胞が集まる。
⑦視覚系脳番地
後頭葉に位置し、主に左脳は文字を、右脳は画像や映像を処理する働きを持つ脳細胞が集まる。
①思考系脳番地
前頭葉に位置し、思考力、意欲、創造性に関わる脳細胞が集まる。
③伝達系脳番地
こめかみの内側に位置し、感情や思考、知識を言葉で伝える働きを持つ脳細胞が集まる。
⑥聴覚系脳番地
左右の側頭葉の耳の穴の奥に位置し、言語的・非言語的な音を理解する働きを持つ脳細胞が集まる。
⑧記憶系脳番地
左右の側頭葉の海馬周辺に位置し、主に左脳は言語的、右脳は非言語的な情報を記憶する脳細胞が集まる。

・頭頂葉に位置している
・知識や情報、人の話、周辺の状況など、言語的・非言語的なインプットを理解する働きを持つ細胞が集まっている

⑤運動系脳番地

・前頭葉や小脳、大脳基底核に位置している
・体を動かす働きや、スムーズな動きができるような調節や工夫をする働きを持つ脳細胞が集まっている

⑥聴覚系脳番地

・左右の側頭葉の耳の穴の奥に位置している
・耳から入ってくる言語的・非言語的な音を理解する働きを持つ脳細胞が集まっている

⑦視覚系脳番地

・眼球から視神経につながり、視床の外側膝状体《がいそくしつじょうたい》を経由して後頭葉に位置している
・左脳の視覚系脳番地には主に文字を読む働き、右脳の視覚系脳番地には主に画像や映像を見る働きを持つ脳細胞が集まっている

⑧記憶系脳番地

・脳の側頭葉の内側部にある海馬《かいば》とその周辺に位置している
・左脳の記憶系脳番地には、主に言語的インプットを記憶する働き、右脳の記憶系脳

番地には主に非言語的インプットを記憶する働きを持つ脳細胞が集まっている
脳内にある1000億以上という細胞の数自体は、1歳からさほど変わりません。しかし細胞の働き具合、つまりこれらの脳番地の発達度合いは、年齢や成育環境によって変わってきます。

実際、特殊なMRI画像（私が開発し、国際特許にもなっているものです）で脳を撮影すると、赤ちゃんの脳は真っ白ですが、大人の脳は白い部分と黒い部分が分布しています。黒く写っている脳番地が、より発達しているということです。

脳番地の発達度合いを知ることで、その脳が、どのようなことを得意とし、どのようなことを苦手としているのかがわかります。これが、「脳のあるがまま」を理解する一番の手がかりになるのです。

得意・不得意などは、本人にヒアリングしたり、自問自答したりすることでは、あまり明確にはなりません。自覚していない得意・不得意も多いものだからです。人間の思考、感情、行動のすべてを担う脳のことは、脳自身に教えてもらうのが一番というわけです。

何歳からでも脳は育つ

さて、この脳番地の考え方の背景には、まさしく、先ほどお話しした脳の成長過程があります。特に「21歳までの脳は物理的に質量が増え続ける（大きくなる）」という事実は、「脳番地」の考え方の根幹にあると言えます。

「21歳までは脳が大きくなる」というのは、脳番地ごとに言うと、つまり「21歳までは理解系脳番地が大きくなる」場合もあれば、「21歳までは感情系脳番地が大きくなる」場合もあるし、「21歳までは運動系脳番地が大きくなる」場合もあるということです。

もっと言えば、外部からの刺激の入れ方によって、「大きくなってほしい脳番地」を、より大きくするようにもできる。脳特性をよく理解すれば、これも可能です。

私はつねづね、「子どもの能力や可能性を見くびってはいけない」と申し上げているのですが、それは何も感覚的・情緒的な話ではありません。

子どもの能力はいかようにも変わりうるし、どのような才能が花開くかという可能性は未知数である。 これは「21歳までは脳の質量が増える」という科学的事実をもって言っていることなのです。

ちなみに大人の脳では、質量は確定しますが、脳細胞同士のネットワークの増設にアプローチすることは可能です。

したがって、**「もう変化できない脳」は、実質、存在しません。誰でも、何歳からでも、脳を変えていける**ということは付記しておきましょう。

さらに本書では、**8つの脳番地を複合的に捉え、脳の特性ごとに8つのタイプに分けました。**

同じ8分類なので混乱させてしまいそうですが、脳番地は、あくまでも「似たような働きを持つ脳細胞の集合体ごとの機能」を8つに分けたものであるのに対し、脳タイプは、「複合的な脳番地の発達によって現れている脳特性」を8タイプに分けたものです。

たとえば8タイプの1つである「リーダータイプ」の脳特性は、運動系と思考系と感情系の脳番地の発達度合いが比較的高いことで現れている、という具合です。

どの脳番地が、どれくらい発達するのかは人それぞれですが、成長するにつれて、どのような順序で各脳番地が発達するのかは、ある程度共通しています。

発達が一番早いのは運動系脳番地で、それに視覚系、聴覚系の脳番地の発達が伴っている一方、記憶系、理解系、思考系、感情系、伝達系の脳番地の発達は、比較的あとのほうです。

つまり、一般的に21歳くらいまでの子どもの脳では、特に記憶系、理解系、思考系、感情系、伝達系の脳番地が、まだまだ「未開拓」なのです。言い換えれば、今後のアプローチ次第で、どの脳番地でも鍛えることができる。それだけ子どもの脳にはポテンシャルがあるというわけです。

自己肯定感を育む「脳の光合成」

脳は思考や感情、行動の源です。人格も、思考や行動のクセも、感情の揺れ動きも、すべては脳が生み出しています。したがって、自分自身をもっともよく理解する手段は「自分の脳を理解すること」と言っていいでしょう。

自分の脳を理解することは、最大限の自己認知を獲得する手段。それだけではなく、自己認知は自己肯定感とかなり相関し、右肩上がりの比例関係にあると考えられます。

脳を植物にたとえてみましょう。

植物は太陽の光を浴びて光合成をすることで成長します。日の当たらない暗がりでは、植物は大きくなれません。

自己認知は、いわば、脳という植物にとっての日光です。自分の脳を理解し、自己認知の光を当てることで、今までは光合成できずに大きくなれなかった部分が成長し、脳の可能性が広がります。

植物の光合成には太陽が必要ですが、脳の光合成に必要なのは自己認知です。つまり**人間は自分の力で脳を育てることができる**のです。

自己認知は脳という植物にとっての日光

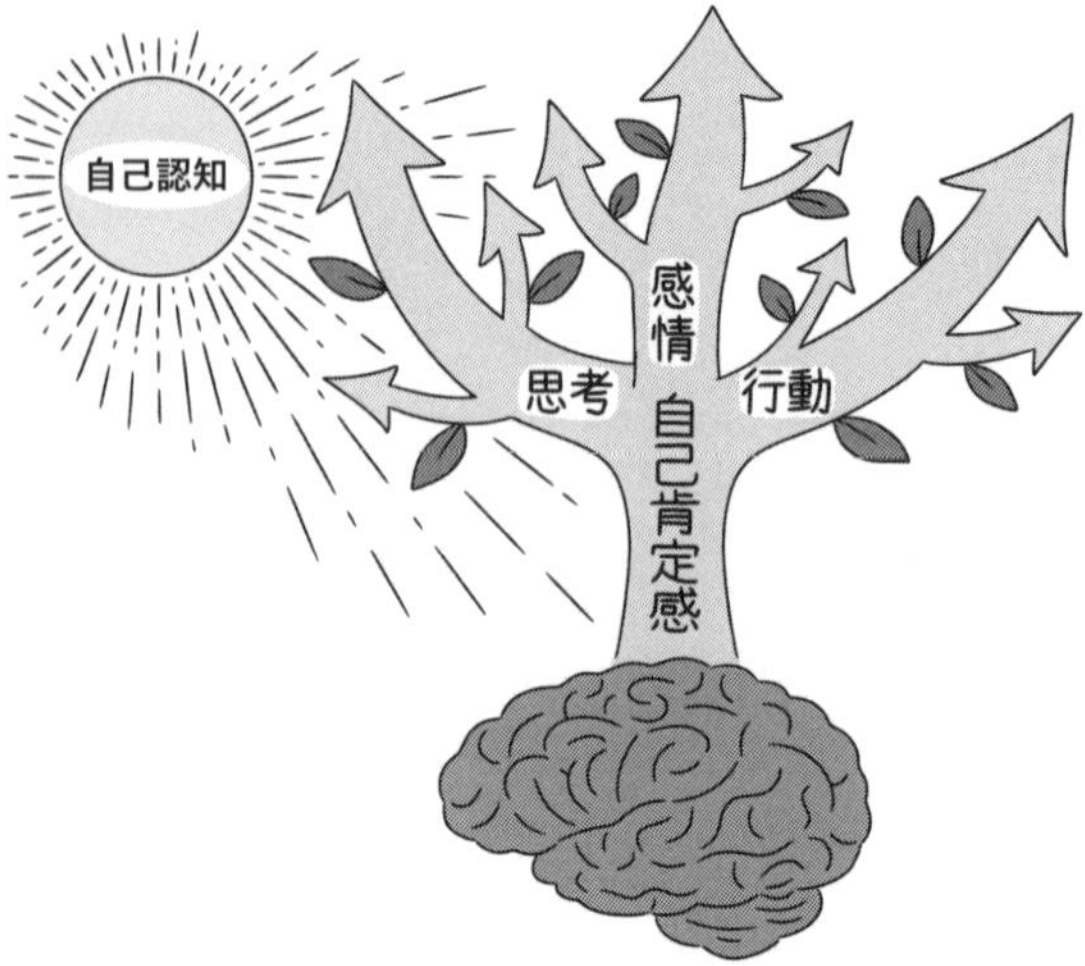

さらに、自己認知の光合成によって自分の可能性が広がっていることを実感できると、自然と自己肯定感が上がります。先ほど、自己認知と自己肯定感は比例していると述べたのは、こういうわけです。

他者による認知でも、自己認知とまったく同じことが起こります。

親が子どもの脳を理解し、今まで大きくなれずにいた部分に認知という光を当てることで、その部分の光合成が起こり、成長する。それは子ども自身も確実に実感します。

こうして子どもの脳の可能性が広がることに親が寄与するほどに、子どもの能力だけでなく、子どもの自己肯定感をも底上げすることができるのです。

想像上の話ではなく、これは脳の仕組みの話です。また、今まで1万人以上の方の脳を画像診断し、親子で来院された方々と密に向き合う中で、私が実際に目撃し、実感してきたことでもあります。

脳をもっとも伸ばすのは、自己もしくは他者による正しい認知と理解であり、脳を知る一番の意義はそこにあるということを、私は、まさしく脳から教わりました。脳画像診断を始めて約35年になりますが、脳から受けたこの教えは、いろいろな方々の脳を診れば診るほど確固たるものになっていると感じているのです。

「今の脳」で一生が決まるわけじゃない

誰でも「なりたい脳」になれる

本書では、複合的な脳番地の発達度合いに応じて脳を8タイプに分け、それぞれの特性を解説していきます。しかし決して勘違いしないでいただきたいのは、「今の脳」で将来が決まるわけではない、ということです。

なぜなら、「常に変化し続ける」というのが脳の本質だからです。

まだまだ成長段階にある思春期の子どもの脳ではなおのこと、「今の脳」は今後、いかようにも変わりうるのです。今の脳の特性を進展させることもできますし、比較的発達度合いが低い脳番地を鍛えることで、自分が「なりたい脳」へと変えていくこともできます。

とはいえ、脳はひとりでに変化するのではありません。脳に変化をもたらすのは、周りの人たちの接し方や言葉がけ、あるいは本人の意識づけや行動習慣です。

そして、周りの人たちがどのように接し、どのような言葉をかけたらいいのか、あるいは本人がどう意識づけをし、どのような行動習慣を取り入れたらいいのかは、8つのタイプそれぞれで異なります。

だからこそ、**才能を伸ばすためには、まず「我が子は（もしくは自分自身は）どの脳タイプに該当するのか」を知ることが欠かせない**のです。

しかも、脳の変化は数年単位で起こるものではありません。実は1年のうち、もっと言えば数週間のうちに何度も変わりうるのが子どもの脳です。本書を参考に接し方や言葉がけを意識すると、その変化はより強まる可能性があります。

また、8つのタイプはくっきり分かれているわけではなく、グラデーションになっています。脳特性診断テスト（59ページ）で、「もっともスコアが高かったのはリーダータイプだけど、論理タイプのスコアもけっこう高かった」といった結果になる場合もあるでしょう。

脳特性診断テストは「適性テスト」じゃない

人には「得意」「苦手」もあれば「好き」「嫌い」もあります。「得意」と「好き」がマッチすれば何よりですが、中には、「好きだけど、できないこと」もあります。

では、「好きだけど、できないこと」は、「脳の特性として向いていないから」と諦めさせたほうがいいのでしょうか？　私はそうは考えていません。

そもそも、**何かに「向いている脳」というものがあるわけではなく、その何かを「上手にするために必要な働き」がいくつかあるだけ**です。

ということは、その働きを持つ脳細胞が集まっている脳番地を鍛えれば、上手にできるようになる。「好きだけど、できない」ことを、狙って「できる」ように持っていくことは十分可能なのです。

たとえば、たいていの人が「文章を書くこと」はできます。「話すこと」はできます。

その中で「ライター」になる人、ならない人、「アナウンサー」になる人、ならない人に分かれるのは、自分が何を望み、いかに脳の複合的な仕組みを作ってきたかによります。

つまり、「文章を書く」という能力が鍛えられるよう、脳の複合的な仕組みを作ってきた人が「ライター」になります。「話す」という能力が鍛えられるよう、脳の複合的な仕組みを作ってきた人が「アナウンサー」になるわけです。

さらには、すべてのライターが、あるいはすべてのアナウンサーが、まったく同じ脳の仕組みを持っているわけではありません。同じ職業に就いている人たちが、脳画像を見てみたらまったく異なる脳特性を発揮しているというのも、よくあることなのです。

たとえば、同じ「アナウンサー」という職業でも、古舘伊知郎《ふるたちいちろう》さんと安住紳一郎《あずみしんいちろう》さんとでは、発揮している脳特性は違うはずです。脳画像診断をすれば違いを詳《つまび》らかにできると思いますが、「この2人の個性がかなり違う」ということだけは、皆さんにもお分かりいただけるのではないでしょうか。

要するに、「今の脳」を見て、「こういう傾向があるから、ライターになるべき」「アナウンサーになるべき」などと、その脳の持ち主の将来を固定することは誰にも――

たとえ脳の専門家である私にも、できないのです。

脳には「強み」しか存在しない

子どもの脳で、**比較的発達度合いの強い脳番地を、仮に「強み」と呼ぶことはできますが、比較的発達度合いの低い脳番地は、「ダメ」というわけでは決してありません。**

それは、いわば「眠っている脳番地」であり、今後の刺激の加え方次第でいくらでも鍛えられる「潜在能力」と呼ぶべきでしょう。その脳番地が覚醒し、活性化されたら、別のタイプになる可能性もあるわけです。

つまり、それほど脳とは常に揺れ動いており、1つの傾向、1つのタイプの枠に完全に収まるほど単純なものではないということです。言い換えれば、すべての脳が、ものすごい潜在能力を秘めているのです。

ですから、**本書の診断テストを一度行っただけで「これが我が子の脳」と決めつけるのではなく、常にお子さんを観察し続けてください。**そして数ヶ月ごとに本書の診断テストを行い、現状確認をするのもいいでしょう。

本書をお読みになっているのがお子さんご本人である場合も同様です。

繰り返しますが、一度の診断テストの結果で将来が決まるわけではありません。

自分の意識づけや行動習慣によって、脳は、いかようにも変わりうる。そのことを念頭に、ご自身やお子さんを常に振り返りながら、前向きに脳と付き合っていっていただけたらと思います。

最高の子育ての鍵は、脳科学的な理解

脳には必ず凸凹がある

子どもを見ていると、往々にして「問題」とされる行動のほうが目につきやすいものです。自分自身についても、やはり周囲から問題視されることに、より意識が向きやすいのは無理もありません。

子どもに理解不能なことをされると当惑し、イラつきすら感じてしまう。

子どもの能力を伸ばしたいのは山々だけど、どうしたらいいかわからない。

思春期を迎えた子どもが、どんどん親である自分から離れていくのが寂しい。かといって、親としてどう接したらいいかわからない。

学校や社会で「できないこと」ばかり指摘されて、自己肯定感を削られている。

こうした悩みを解決する一番の鍵は、「脳科学的な理解」です。

「問題」とされやすい行動とは、「○○ができない」「こういうときに、○○という困った行動が出やすい」などなど。しかし、**「減点対象」となる特性の裏側には、そういう特性があるからこその「加点対象」がある**はずです。

すべての人の脳は、得意と不得意の凸凹になっています。どこかが凹《へこ》んでいたら、必ず別のどこかが凸になっている。それが脳というものであり、日ごろ凹みばかりが目につきがちだからこそ、凸の部分を意識的に見出《みいだ》していただくことが、本書の目的なのです。

8つのタイプにもよりますが、凸の部分は、「これぞ特別な才能！」と思えるほど際立っているとは限りません。

むしろ多くの場合、凹んでいるところが気になるがゆえに、才能の芽として認知されていない。そんな凸を見出すことで、**凹みの部分をも受け入れられるようになったら、親子関係はよりよくなっていく**はずです。

脳特性を「才能」として開花させる方法

親が子どもの脳特性を知ること、あるいは子ども自身が自分の脳特性を知ることで、今まで見えていなかった凸の部分を見つけやすくなります。

すると、親としては接し方や言葉のチョイスが変わり、当事者としては意識の持ちようや行動の指針が変化し、凸の部分を伸ばすことができます。

本書でいうと、8つのタイプには、それぞれ、紐《ひも》づいている「脳番地」があります。たとえば、8タイプの1つ、「リーダータイプ」は、思考系、運動系、感情系の脳番地が紐づいています。つまり「リーダータイプ」は、この3つの発達度合いが比較的強く、また、この3つの脳番地を鍛えると、さらに持ち前の能力が伸びるということです。

特に21歳くらいまでの脳は常に変化しています。脳細胞同士のネットワークも増設されつつ、まだ脳の質量が増えている段階です。

ですから、発達している脳番地に刺激を入れれば入れるほど、その脳番地に集まっている脳細胞同士のネットワークが密になるだけでなく、筋トレで筋肉が大きくなるように、脳番地そのものが大きくなります。これが脳特性を才能として開花させることにつながるというわけです。

脳に「指向性」を与えることのすごい効果

また、**自分の脳特性を理解すると、実は「なりたい脳」を目指すこともできます。**

たとえば「バランスタイプ」には運動系、聴覚系、記憶系脳番地が紐づいています。では、仮に「バランスタイプ」の子が「リーダータイプ」のようになりたい場合は、どうしたらいいでしょうか。

リーダータイプに紐づいていて、バランスタイプには紐づいていないのは、思考系と感情系の脳番地です。でも、これらの脳番地を鍛えるよりも先に、実は、できること（すべきこと）があります。

それは、脳に「指向性」を与えることです。つまり「リーダータイプの脳特性は、こういう意識や行動なんだ」と認知し、「こうなりたいな」と指向し、そして実際に「そうなろう」と意識することが、まず重要なのです。

「リーダータイプは思考系と感情系の脳番地が発達しているから」という考えのもと、いきなり、これらの脳番地を鍛えても、望むような結果が得られるとは限りません。その努力が空回りして、まるで明後日《あさって》の方向に作用する可能性も考えられます。

目的地を定め、そこに「到達しよう」と思わなければ、張り切って出かけても、どこにも到達できませんよね。気づいたら「こんなはずじゃなかった」という、とんでもない場所に行ってしまうかもしれません。

それと似たような話で、脳にも「こうなりたい」という目標設定と「そうなろう」という意志が必要です。そのうえで、**なりたい脳になるための実践を重ねることで、実際に脳が変わっていく。**指向性があって初めて、脳番地のトレーニングが効いてくるという順序なのです。

思春期の子どもにとって一番重要なこと

縛るのも、手放すのもよくない

特に思春期を迎えた子どもは、親にとっては難しい存在となりやすいものです。

この時期の子どもは親に反抗するなど、それまでとは違った態度や行動を取るケースが非常に多いのですが、それは、脳が発達したことで、幼少期に比べて劇的に「思考や行動の選択肢」が増え、「自分で選びたい」という意志も強くなるからです。

子どもとしては、親に反抗すること自体が目的というわけではなくて、ただ、広がった選択肢の中から自分なりに何かを選びとっているだけなのです。子どもの意識が家庭外に向き始め、親以外の大人の話を聞いてみたいと思うようになるのも、この時期です。

こういうことのすべてが親からすると想像外であるために、親の目には「どんどん我が子が、自分の理解の及ばないところに向かっている」、さらには「近ごろ反抗的だ」と映るというのが大半でしょう。

子どもの予想外の行動を無意識のうちに否定したり、制限を加えようとしたりすると、子どもは、より強く「自分で選択するんだ」という意志を貫こうとするため、表に出る態度や行動はいっそう反抗的になります。これが、いわゆる「反抗期」というものの仕組みと言っていいでしょう。

というわけで、子どもの中学・高校時代は、親にとっては悩みが多く、難しい時期です。

徐々に親離れを始める子どもを無理につなぎとめようとしたら、子どもは反発し、親子関係は悪化してしまうでしょう。ここで親子が断絶することは、子どもの将来に暗い影を落としかねません。

中学・高校生は、大人に近づいているとはいえ、まだまだ子どもです。健やかに未来を切り開いていくには、親など身近な大人に理解され、受け入れられているという安心感がとても大切です。

ここで完全に子どもの手を離してしまったら、子どもは不安になり、自由に羽ばたけなくなってしまうのです。

したがって、子どもを無理につなぎとめようとするのも問題ですし、逆に、子どもに理解があるふりをして、本当は理解できないままで何もしない、子どもの話すら聞かないというのも、正しい親の態度ではありません。

家庭内で一番重要なのは、子どもに話をさせることです。そのために、**親の言葉がけや態度によって、常に「何でも話せる雰囲気や環境」をつくっておくことが、どの脳特性のタイプであるかにかかわらず普遍的に重要**なのです。

脳はこうして発達する

子どもの脳は、まず運動系と、それに関連する視覚系と聴覚系が発達し、さらに後追いする形で記憶系、理解系、思考系、感情系、伝達系が発達していくと前述しました。

もう少し具体的に言うと、**中学生から高校生になるにつれて、思考系と理解系の発達度合いがもう一段、二段上がり、それに伴って、さらに運動系、視覚系、聴覚系の発達度合いも上がります。**

小さな子どもは活発ですが、そこには、理解や思考はあまり関係していません。見ながら動く（視覚系＋運動系）、聞きながら動く（聴覚系＋運動系）ことはできても、ほとんど無計画、無思慮、無理解のまま、ただ活発に動き回っているという具合です。

それが、年齢が上がるにつれて周囲の状況や知識などを理解し、考えながら動く（理解系＋思考系＋運動系）ということができるようになっていきます。

もちろん、理解し、考えながら動くというのは、「見たこと、聞いたことを理解したうえで考えながら動く」ということですから、中学・高校生では、思考系・理解系とともに、運動系・視覚系・聴覚系のトライアングルも、幼少期からさらに発達するというわけです。

「感情系」は年齢を重ねるほどに豊かになる

では、残る感情系と伝達系は、どんなふうに発達するのでしょう。

この2つは、実は他の脳番地に比べて、発達度合いに差が現れやすい脳番地です。大人の脳でも、ある人は高い、ある人は低いといった差異が見られるのですが、もっとも差が出るのは、中学・高校生の頃と言っていいでしょう。

小学・中学校くらいまでの子どもの脳では、まず他者認知（他者の意図や行動を知覚し、反応すること）が発達します。それが高校くらいからは自己認知が高まってきて、「自分はどうしたいのか」といった思考が生まれます。これは高校生になると、自分の感情を司る左脳の感情系脳番地が発達してくることによります。

ただし、感情系は未熟であり、ここからの発達度合いは、主に、どれくらい多くの人と接するのかによります。より多くの人と接することは、それだけ多様な感情を抱く機会の創出につながり、機会が増えるほどに感情系が伸びるということです。

その意味では、8タイプのうち、もっとも社交的な傾向の強い「フレンドリータイプ」と、もっとも非社交的な傾向の強い「エキスパートタイプ」とでは、感情系の発達度合いが極端に違うというように差が出やすい脳番地と言えるのです。

伝達系脳番地は親子の会話で伸びる

その感情系よりも、さらに差が現れやすいのが伝達系脳番地です。

社会に出る前の子どもは、放っておくとアウトプット量よりもインプット量のほうが、格段に多くなりがちです。

たいていの子どもは日中の大半の時間を学校で過ごしますが、そこで何をしているかといえば、授業を受け、ホームルームや全校集会などで壇上の先生の話を聞き……と、インプットばかりでしょう。特に日本の学校に当てはまる話なのかもしれませんが、自分からアウトプットする機会は、残念ながら、あまり設けられていません。

言い換えれば、学校ではインプットに関係する視覚系・聴覚系脳番地は伸びても、アウトプットに関係する伝達系脳番地は伸びづらいということです。

そこで**大きな分かれ目となるのが、家庭内での会話量、特に子どもの発話量**です。

親が一方的に話すのではなく、子どもがたくさん話すという意味で、「会話の多い家庭環境」であるほど、子どもの伝達系脳番地は伸びやすいのです。

自分の感情や思考を他者に伝える「伝達」という能力は、健全な人間関係を築くうえでも、仕事で成果を出していくうえでも――つまり、社会で自立して生きていくために欠かせません。

そして、その能力の発達具合は、子ども時代に、学校では皆一様にインプットする一方、それぞれの家庭において、どれだけ会話があるか、どれだけ発話できるかで大きく差が出てくるというわけです。

現に私が接してきた中でも、家庭内で話している子どもで鬱《うつ》状態に陥っているケースはきわめて少なく、元気でコミュニケーションも取りやすい子が大半です。

もちろん、何かしらの問題を抱えているから当クリニックに来院されているわけですが、元気があればたいていは比較的早めに、脳特性を発揮しながら健やかに生きていく道筋が見つかるのです。

会話のきっかけの作り方は、タイプによって違う

本書では、次項（59ページ）でまず脳特性診断テストをしていただいたうえで、第1章からは、各タイプの脳特性と、そこから窺《うかが》い知れる才能の伸ばし方を解説していきます。

そこで子どもの脳に眠っている宝物を見つけていただければと思いますが、すべてのタイプに共通して重要なこととして、ぜひ「子どもが家庭内で話しているか」にも意識を向けてみてください。

タイプによっては、学校など家庭の外で盛んにアウトプットしている可能性もありますが、それは差し引いても、家庭内での会話は重要と心得ておいたほうがいいでしょう。

それも「大きな声」で話していることが重要です。大きな声だと発した瞬間に自分自身の耳でも聞くことになります。そのフィードバックにより自己理解や思考が刺激され、そこで形成される自己認知が自信に直結するのです。

裏を返すと、発話量が少ない子どもほど鬱になりやすい。それは発話によって自己

理解や思考が刺激される機会が少ないために、自己認知が上がりづらく、自信も育ちにくいからと言っていいでしょう。

もし鬱にならなかったとしても、コミュニケーションが非常に取りづらい状態のまま大きくなる可能性が高いので、大人になってから社会生活に支障をきたしかねません。

中学・高校生の子どもは、ただでさえ親から離れていきがちです。それは自立への第一歩であり、成長過程として自然なことです。しかし、だからといって、親子間のコミュニケーションが失われていいわけではありません。

いくら自立に向けて歩み始めていようとも、親の態度や対応次第で、子どもの家庭内でのアウトプット量は変わってきます。

今の子どもを見ていて、発話量があまり多くないと感じているのなら、なおのこと「子どもが安心してたくさん話せる仕組み」を、親が意識的に作る必要があるでしょう。

では、どうしたら、そんな仕組みを作ることができるか。それはタイプごとに少しずつ異なりますので、各章をご参照ください。

いずれのタイプにも「よい声がけ」と「悪い声がけ」を例示してありますが、タイプによって言葉のチョイスが違うだけで、目的は同じです。すべては、親の思いを一方的に押し付けることなく、「子どもが安心してたくさん話せるよう、水を向けるコミュニケーション」を取るためです。

このように、**親が子どもの脳特性を知ることで、子どもとの接し方が変わり、すると豊かな家庭内コミュニケーションがある中で子どもの才能が伸びていく。**それが本書の目指すところです。ひとりでも多くのお子さん、ひとりでも多くの親御さんが悩みから解放され、親子ともに幸せになる助けとなることを願っています。

ひとりひとりの「すごい個性」がわかる！

脳特性
診断テスト

脳特性別に8種類のタイプのどれに該当するかを診断するテストです。以下の64問の質問すべてに回答してください。「はい」の場合は1点、「いいえ」の場合は0点です。点数を記入する欄は、60ページから63ページの下段にあります。

1. 約束時間を守る　（はい／いいえ）　□点　E-1欄

2. 自己肯定感が低め　（はい／いいえ）　□点　D-1欄

3. いろいろなことを自分仕様にカスタマイズするのが得意（はい／いいえ）　□点　C-1欄

4. 物事を順序立てて考えることができる（はい／いいえ）　□点　B-1欄

5. 空気が読める　（はい／いいえ）　□点　A-1欄

6. 座っている時間が長い　（はい／いいえ）　□点　H-1欄

7. 座学よりも実技の時間が好きだ　（はい／いいえ）　□点　G-1欄

8. 困っている人がいたら声をかける　（はい／いいえ）　□点　F-1欄

9. 指示に従って行動することができる　（はい／いいえ）　□点　E-1欄

10. 誰かから相談されることが多い　（はい／いいえ）　□点　D-1欄

11. 好奇心旺盛《おうせい》だ　（はい／いいえ）　□点　C-1欄

12. 物知りである　（はい／いいえ）　□点　B-1欄

13. 先を考えて行動している　（はい／いいえ）　□点　A-1欄

A-1	B-1	C-1	D-1	E-1	F-1	G-1	H-1
□点	□点	□点	□点	□点	□点	□点	□点

14. 感謝をあまり口に出さない　（はい／いいえ）　□点　B-2欄

15. 行動が早く、グズグズしない　（はい／いいえ）　□点　A-2欄

16. 友達からの相談に乗ることができる　（はい／いいえ）　□点　E-2欄

17. 体を動かすことが好きだ　（はい／いいえ）　□点　G-2欄

18. 周りが楽しそうだと自分も楽しい気持ちになる　（はい／いいえ）　□点　F-2欄

19. 皮膚や音などに過敏であったり、潔癖《けっぺき》なところがある　（はい／いいえ）　□点　H-2欄

20. 友人の誘いに「NO」と言わない　（はい／いいえ）　□点　D-2欄

21. 常識にとらわれない　（はい／いいえ）　□点　C-2欄

22. みんなとはどこか違う空気感をまとっている　（はい／いいえ）　□点　H-2欄

23. 予期せぬ出来事にも動じない　（はい／いいえ）　□点　A-2欄

24. 元気のない友達に寄り添うことができる　（はい／いいえ）　□点　F-2欄

25. 力加減を程よくすることができる　（はい／いいえ）　□点　E-2欄

26. 落とし物をした人を見たら追いかけて届ける　（はい／いいえ）　□点　D-2欄

27. いろいろなアイデアが浮かぶ　（はい／いいえ）　□点　C-2欄

28. 腹立たしい出来事があっても、感情の変化がわかりづらい　（はい／いいえ）　□点　B-2欄

29. うまくいかなかったときに、切り替えて前向きになる　（はい／いいえ）　□点　G-2欄

30. 自分ができることとできないことをわかっている　（はい／いいえ）　□点　H-2欄

A-2	B-2	C-2	D-2	E-2	F-2	G-2	H-2
□点	□点	□点	□点	□点	□点	□点	□点

31. ハキハキと話す　（はい／いいえ）		□点	G-3欄
32. 自分の主張をしっかり話せる　（はい ／ いいえ）		□点	A-3欄
33. 自分の考えより他人の考えを優先する　（はい／いいえ）		□点	D-3欄
34. 他人と容易に知り合いになれる　（はい／いいえ）		□点	F-3欄
35. 外で遊ぶよりもゲームをしているほうが好きだ　（はい／いいえ）		□点	H-3欄
36. 議論ができる　（はい／ いいえ）		□点	B-3欄
37. 色彩感覚に長《た》けている　（はい／ いいえ）		□点	C-3欄
38. 人に優しく攻撃的にならない　（はい／ いいえ）		□点	D-3欄
39. 体育の成績は平均よりも上だ　（はい／いいえ）		□点	E-3欄
40. 誰と一緒にいてもストレスはない　（はい／いいえ）		□点	F-3欄
41. 本を読むことが好き　（はい／いいえ）		□点	B-3欄
42. 自分の意見と相手の意見を区別できる　（はい／いいえ）		□点	A-3欄
43. 友達との雑談で、高度な話題を振る　（はい／いいえ）		□点	H-3欄
44. 乗り物で席を譲る　（はい／いいえ）		□点	F-3欄
45. 耳で聞いた内容を正確に書き取ることができる　（はい／いいえ）		□点	E-3欄
46. 覚えた作業などは手早くこなせる　（はい／いいえ）		□点	G-3欄
47. 意外なところに着眼する観察力がある　（はい／いいえ）		□点	C-3欄

A-3	B-3	C-3	D-3	E-3	F-3	G-3	H-3
□点	□点	□点	□点	□点	□点	□点	□点

48. 声が大きい　（はい／いいえ）　□点　G-4欄

49. 協力を惜しまない　（はい／いいえ）　□点　D-4欄

50. 語彙が豊富である　（はい／いいえ）　□点　B-4欄

51. 何かを決めるときは迷わない　（はい／いいえ）　□点　A-4欄

52. 何かを始めると納得がいくまで諦めない　（はい／いいえ）　□点　H-4欄

53. 作業を制限時間内に終えることができる　（はい／いいえ）　□点　E-4欄

54. 失敗を恐れずチャレンジする　（はい／いいえ）　□点　G-4欄

55. 音感がよい　（はい／いいえ）　□点　C-4欄

56. 他人の買い物に付き合うのが好き　（はい／いいえ）　□点　F-4欄

57. 細かいことにも理由を求める　（はい／いいえ）　□点　B-4欄

58. 乗り物で乗り過ごしてしまった経験はない　（はい／いいえ）　□点　E-4欄

59. 誰かから話を聞いて情報を集めるのが得意　（はい／いいえ）　□点　D-4欄

60. 身振り手振りで表現できる　（はい／いいえ）　□点　G-4欄

61. 何かを作ることが好き　（はい／いいえ）　□点　C-4欄

62. 地図を読むのが得意　（はい／いいえ）　□点　H-4欄

63. 感動しやすい　（はい／いいえ）　□点　F-4欄

64. 相手を納得させる説明ができる　（はい／いいえ）　□点　A-4欄

A-4	B-4	C-4	D-4	E-4	F-4	G-4	H-4
□点	□点	□点	□点	□点	□点	□点	□点

バランスタイプ、F群＝フレンドリータイプ、G群＝多動タイプ、H群＝エキスパートタイプです。

A-1		A-2		A-3		A-4		A群合計
点	＋	点	＋	点	＋	点	＝	点
B-1		B-2		B-3		B-4		B群合計
点	＋	点	＋	点	＋	点	＝	点
C-1		C-2		C-3		C-4		C群合計
点	＋	点	＋	点	＋	点	＝	点
D-1		D-2		D-3		D-4		D群合計
点	＋	点	＋	点	＋	点	＝	点
E-1		E-2		E-3		E-4		E群合計
点	＋	点	＋	点	＋	点	＝	点
F-1		F-2		F-3		F-4		F群合計
点	＋	点	＋	点	＋	点	＝	点
G-1		G-2		G-3		G-4		G群合計
点	＋	点	＋	点	＋	点	＝	点
H-1		H-2		H-3		H-4		H群合計
点	＋	点	＋	点	＋	点	＝	点

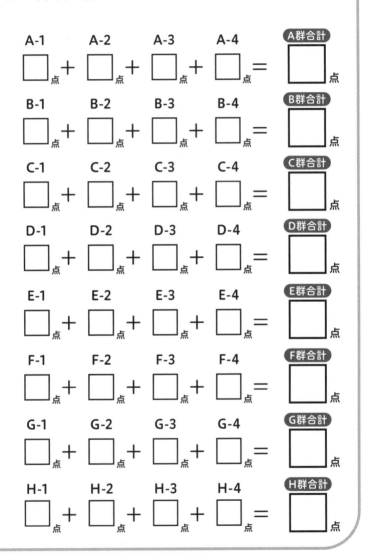

60ページから63ページに記入した点数を合計しましょう。A群～H群で6点以上の点数になったものがあなたのタイプです。A群＝リーダータイプ、B群＝論理タイプ、C群＝クリエイティブタイプ、D群＝癒やしタイプ、E群＝

A群　リーダータイプ

周囲に目配りをしながら個々と向き合う力があり、他者への理解力や伝達力が高いため、まとめ役を担います。活動的でどんな相手にも公平な対応ができるため、信頼関係を築ける頼れる存在です。

B群　論理タイプ

論理タイプは大きく「文系」と「理系」に分かれ、どちらも筋道を立てて考える力や高い記憶力を備えています。特に理系はビジュアルイメージを描く力に優れ、創造的な分野で才能を発揮する傾向があります。

C群　クリエイティブタイプ

1つのことを突き詰める強い好奇心を持ち、何かを「好きになる力」とその気持ちを持続する力が特徴です。「好きだから」という理由だけで集中力を発揮し、創造性の源泉となる継続的な探究を行うことができます。

D群　癒やしタイプ

周囲の状況や人々の情報を受信する力に優れ、よく周囲を見渡して耳を傾けることができるタイプです。そのため、他者の話を聞く役割を担うことが多くなるでしょう、穏やかな存在感で場の空気を和らげる力があります。

E群　バランスタイプ

現時点では能力のバランスが取れており、周囲の大人からは「育てやすい子」と見られがちですが、外的刺激や成長過程で個性が形成され、将来、いかなる方向性にも才能が開花しうる大きな可能性を秘めたタイプです。

F群　フレンドリータイプ

高い社交性と共感力、ポジティブ思考を備えたタイプです。周囲を巻き込む力に優れ、人と協力して成果を出す能力が際立っています。また、好奇心旺盛で「今を楽しむ」ことを最優先にする傾向があります。

G群　多動タイプ

計画よりも即行動し、興味があることに積極的に取り組む活動的な性格です。多くの経験を積むことで、突出した能力や先見性を発揮する可能性があります。抜群の行動力を活かすことで、将来大きな成功を期待できます。

H群　エキスパートタイプ

本書で紹介している「8タイプ」の中で、もっとも好奇心旺盛なタイプです。興味を持った分野に対して圧倒的な集中力とモチベーションで知識を深め、誰にも負けない専門的な知識を持つようになります。

第1章

「リーダータイプ」の才能の伸ばし方

リーダータイプの取扱説明書

周囲に目配りをし、ひとりひとりと向き合う

リーダータイプは、満遍なく周囲に目配りをしつつ、ひとりひとりと向き合って会話をすることができます。

他者の思考や感情に対する理解力や、自分の考えを言語化して伝える伝達力が高いので、内気な同級生にも優しく接したり、クラス内の揉め事を仲裁したりと、人をまとめる能力のあるタイプです。

また、中学・高校生の年頃の子どもは大人に反発しがちですが、リーダータイプは、比較的その傾向が弱いと言えます。大人の話を理解し、それを自分の言葉で説明する力があるため、先生とクラスメイトの間に立って物事を進める役割を担う子も多いでしょう。

全体の傾向として、リーダータイプは活動的であり、他の人たちと関わることも嫌いではありません。

先ほど「周囲に目配りができる」と述べた通り、誰とでも公平に付き合える素質により、クラスメイトからは「一緒にバカをやる友達」というよりは、一定の尊敬の念を持って「頼れるやつ」「よき相談相手」として慕われやすいでしょう。

感情面の能力が高い

リーダータイプは活動的で、理解力・伝達力ともに優れているのですが、リーダータイプを真にリーダーたらしめるものは、実は感情面の能力です。

いくら行動力があって物事をよく理解し、自分の思考を言語化して伝える能力が高くても、他者の感情を理解するのが苦手な人では、みんなをまとめることはできません。といっても、無闇に感情移入するわけではなく、あくまでも理性的に他者の感情を読み取ることに長けているタイプと言えます。

理想が高く、曲がったことを嫌う

「理想が高い」というのもリーダータイプの特性です。未熟ながらも自分なりの価値観、信念が確立されており、それに反することや不条理なこと、自分が納得できないことを押し付けられるのを非常に嫌がり、強要されると強く反発します。

それればかりか、自分の思考を言語化して伝達する能力も高いため、人の行動などが自分の正義や倫理観と食い違うと、黙っていられないところもあります。

「そういうのはよくないと思う」「こうしたほうが正しいと思う」といった、はっきりとした物言いで「正論」を言うのです。

しかし、「正論」は、いついかなるときでも正しいというわけではありません。しっかりと相手の反応を見て、言葉を受け取った側の感情や立場を配慮しないと、周囲に納得してもらえないのが「正論」というものです。

前述したように、リーダータイプの子どもは自分なりの正義感を持ち、それを相手にしっかりと伝えることもできます。しかし、思春期の彼ら・彼女らは、自分の考えを伝える前に自分の発した言葉の周囲への影響を十分にシミュレーションできるほどには成熟していません。

それゆえに、相手が引いてしまったり、周囲とギクシャクしてしまったりするようなことも起こりうるでしょう。

リーダータイプの子どものこうした物言いは、同級生や同世代の子どもたちだけでなく、ときには本音と建前、理想と現実を嚙《か》み分ける大人をもたじたじとさせてしまうこともあるでしょう。

ただ、そのようなタイミングで「子どものくせに正義漢ぶっちゃって」と冷笑されたり、「大人には大人の事情がある」などと一蹴《いっしゅう》されたりすると、リーダータイプにとっては癪《しゃく》に障ります。そういうことが度重なれば、大人に対する信頼を失い、いつしか子どもの側からは何も話してくれなくなってしまうかもしれません。

「所詮《しょせん》はナイーブな子どもの論理」と侮らず、一人前として扱ってあげることが、リーダータイプの成長につながるでしょう。

自己主張の強い「隠れＡＤＨＤ脳」の可能性も

活動的というリーダータイプの特性が極端に現れると、ＡＤＨＤ（注意欠陥多動性障害）脳の特性※があると見なされ、ＡＤＨＤと診断される場合もあるでしょう。

といっても、リーダータイプは自分の思考を伝達する能力も高いので、コミュニケーションが取りづらいＡＤＨＤの典型とは少し違います。いわば「自己主張の強いＡＤＨＤ」がリーダータイプに該当します。

ただ、学校など「社会生活の場」では、落ち着きがない一面はそれほど現れないケースもあります。家では常にせわしないけれども、学校でクラスメイトと過ごしたり、先生の話を聞いたりしているときは集中力や注意力が上がるのです。

大人の場合、ＡＤＨＤとの診断を受けてはいても、会社などでは、特に周囲が迷惑と感じるような行動は見られない。しかし家族といるときは落ち着きがなくて、「片付けができない」などＡＤＨＤ脳の特徴が現れる、という人物です。

※『「忘れっぽい」「すぐ怒る」「他人の影響をうけやすい」ｅｔｃ．ＡＤＨＤコンプレックスのための〝脳番地トレーニング〟』加藤俊徳著、大和出版

子どもがこういうタイプだと、親は、外にいるときの我が子と、家庭の中にいるときの我が子の違いに戸惑いを感じてしまうかもしれません。ただ、これは時と場合によって脳特性が見え隠れしているだけですから、常に活動的であることを念頭に置いて接するといいでしょう。

「癒やしタイプ」と相性がいい

他者に対する理解力や伝達力が高いリーダータイプは、基本的には人から慕われやすいでしょう。

しかし、**正義感や強い信念から、つい正論を言い、そのために周囲と溝ができてしまうこともあります。**みんなを引っ張っていける条件は揃っているのに、みんなのほうがリーダータイプに対して距離を感じてしまうのです。そんなときに、リーダータイプの助けとなってくれるのは癒やしタイプ（125ページ）です。

癒やしタイプは、強い自己主張がない代わりに非常に穏やかです。そのような振る舞いによって無意識のうちに人を癒やし、いつの間にか周囲の人間関係を円滑にしてしまうという不思議な力の持ち主です。

リーダータイプとみんなの間に溝ができてしまっても、そんな癒やしタイプが側《そば》にいてくれたら、分断を避けることができるでしょう。癒やしタイプが人間関係の潤滑油となり、リーダータイプがみんなを引っ張るという、いい協力関係になれるはずです。

人間関係がストレスになりやすい

リーダータイプは周囲に目配りができるものの、それがストレスの元になります。**信念や義務感が強いだけに、なかなか人格者的な立場から自分を解放することができず、つい無理をしてしまいがちなのです。**子どもながらにも「リーダーの重責」を感じやすい、と言ってもいいかもしれません。

そのために人間関係の中で「疲れたな……」と感じるところに、リーダータイプの子どもたちの悩みが現れやすいと言っていいでしょう。

クラスメイトには慕われ、先生などには期待され、持ち前の能力を発揮できることには基本的に喜びを感じる。そんなリーダータイプでも、ときおり「すべて放り出してしまいたい」「ひとりにしてほしい」と感じることがあるのです。

リーダータイプは、一見、有能で大人びているため、周りの大人は、つい本人の「子どもらしさ」を見過ごしがちなのかもしれません。

ですから、特にリーダータイプの子の行動力が落ちるなど、疲れが見えたときは、本人の無自覚のうちに無理をしていないか、周囲の人たちの存在が重荷になっていないかと気をつけてあげることも大切です。

態度が悪く見えるのは、強い信念の表れ

リーダータイプは、ときに横柄に見える態度や言動を取ることがあるでしょう。

しかし本人に悪気はありません。ただ、**「こうあるべきだ」「こうするのが正しい」といった信念が強く、自信もあるために、態度や言動が尊大で偉そうになる**、それが周りに「横柄」という印象を与えてしまうだけなのです。

ですから、親をはじめ周りの人たちには、まず、リーダータイプが悪意からそのような態度や言動を取っているのではないのだ、という理解が必要です。

態度は悪くても、それは奥底にある強い信念ゆえのこと。こうした認識を持って、リーダータイプの子に誤解されないような振る舞いや言葉の選び方、伝え方を教えてあげるといいでしょう。

リーダータイプを伸ばす言葉がけ

理想を理解し、応援する

前述したようにリーダータイプには信念があり、自分が信じた道を歩みます。そんな子どもに対しては、親の価値観を押し付けるのではなく、その子の価値観から生まれた理想をしっかりと理解することが重要です。

そして、子どもがやりたがっていることについて、ただ見守るだけでなく、**やりたいことができるような環境を整える、言葉で後押しするなど、応援の気持ちを具体的な行動に表してあげてください。**

素質を否定しない

自分なりの信念があるとはいえ、まだ子どもです。本当に自分が正しいのかどうか不安になることも多いでしょう。

クラスメイトなど、みんなをまとめて何かをしようとしたけれども、あまりうまくいかなかったなど、実際にリーダーとして失敗したと感じることもあるはずです。

そんなとき、我が子のリーダーとしてのあり方を否定したり、資質を疑ったりしては、子どもはますます不安と自己疑念に陥ってしまいます。「清濁《せいだく》併《あわ》せ呑《の》む」というような大人のロジックを持ち込んで今の子どもの純粋な信念を曲げさせ、妥協させようとするのも、よくありません。

自信を失いかけている子どもに必要なのは、安心と勇気づけです。

親として**「今回は、たまたまうまくいかなかっただけで、リーダーとしての資質には少しも疑いがない」と伝える**ことが、リーダータイプの子どもにとっては、一番の救いとなるはずです。

リーダータイプの子どもへは以上の点を踏まえて言葉がけをしましょう。一例を挙げると、次のような形です。本書では、ご理解いただきやすいように「よい言葉がけ」「悪い言葉がけ」と、なぜそれらの言葉がけがよい、あるいは悪いと言えるのかも付け加えます。ぜひ、お子さんに接する際に参考にしてください。

言葉がけのコツ

○「それっていいね！　がんばって！」

→その子が取り組んでいることを認め、応援する言葉がけで、子どもは自信が持てるでしょう。

○「君ならできるよ」

→チャレンジしようと勇気づける一言は、子どもを力づけます。

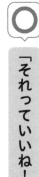

✖「そんなくだらないこと、やめなさい」

→子どもが取り組んでいることを否定する言葉がけは禁物です。

✖「そんなに自分の考えにこだわったら、世の中回らないよ」

→自分の考えに対するこだわりは、強い信念を持つがゆえです。それを否定してはいけません。

リーダータイプを伸ばす習慣

親子で「日常生活の振り返り会議」を行う

リーダータイプの子どもは、自然と周囲に対して指示を出し、物事を推し進める役割を担うことが多くなります。自分の考えを迅速に行動に移し、集団生活の中で積極的に振る舞うことができる一方で、自らの行動を振り返る時間は少なくなりがちです。

リーダータイプを伸ばす言葉

そのため、**定期的に親子で一緒に「日常生活の振り返り会議」を行い、自分の行動を客観的に見直すことのできる時間を設けることが重要**です。

たとえば、毎週1回は親子で時間を決めてその一週間の行動を振り返り、成功した点やうまくいかなかった点を一つひとつ確認していく作業が効果的と言えるでしょう。

子どもの行動の約85％が順調に進んでいるとしても、残りの10～15％には必ず改善の余地があるものです。その部分について具体的に話し合うことが子どもの成長によい影響を与えるでしょう。こうした親子での会議を通じて、子どもは自分の行動をより明確に理解し、次にどのように改善すべきかを学ぶことができます。

心構えを一文にまとめ、実践に移す

親子の「日常生活の振り返り会議」の中では、ただ振り返るだけでなく、得られた教訓を行動に移すことが大切です。

会議の終わりに、親子で一緒にその週の振り返りから得た重要なポイントを1つの心構えにまとめます。これは、「次回はこうしてみよう」「この点にもっと注意しよう」といったシンプルかつ実行可能な一文が効果的です。

たとえば、コミュニケーションの改善に焦点を当てる場合、「相手の話をよく聞いてから自分の意見を言う」といった具体的なアクションが考えられます。こうした具体的な目標を毎週設定してみましょう。

具体的な目標を設定することで、子どもは明確な方向性を持ち、改善点を意識して生活することができるようになります。

振り返りと改善のサイクルで、自己肯定感・自己認知を高める

親子間でこのような振り返りと改善のサイクルを続けることで、自然と子どもは自信がつき、物事に対する姿勢も前向きになっていきます。ひいては、自己認知や自己肯定感も高まっていくでしょう。

また、今まで気づかなかった点や、自分が見逃していた情報にも敏感になり、より多くのことを学び取る力が養われていきます。

たとえば、「どうしてこのとき、相手の意図を理解できなかったのだろう」といった気づきが得られると、それを次の会話や行動に活かすことができます。

この過程でインプット力が向上するだけでなく、アウトプットの質も高まり、次第に学習の効率が上がっていきます。以前はどのようなことをできなかったかが明らかになることによって、これまで苦手としていた部分も補強され、長所・短所双方の成長が促進されます。

リーダータイプの発達している脳番地

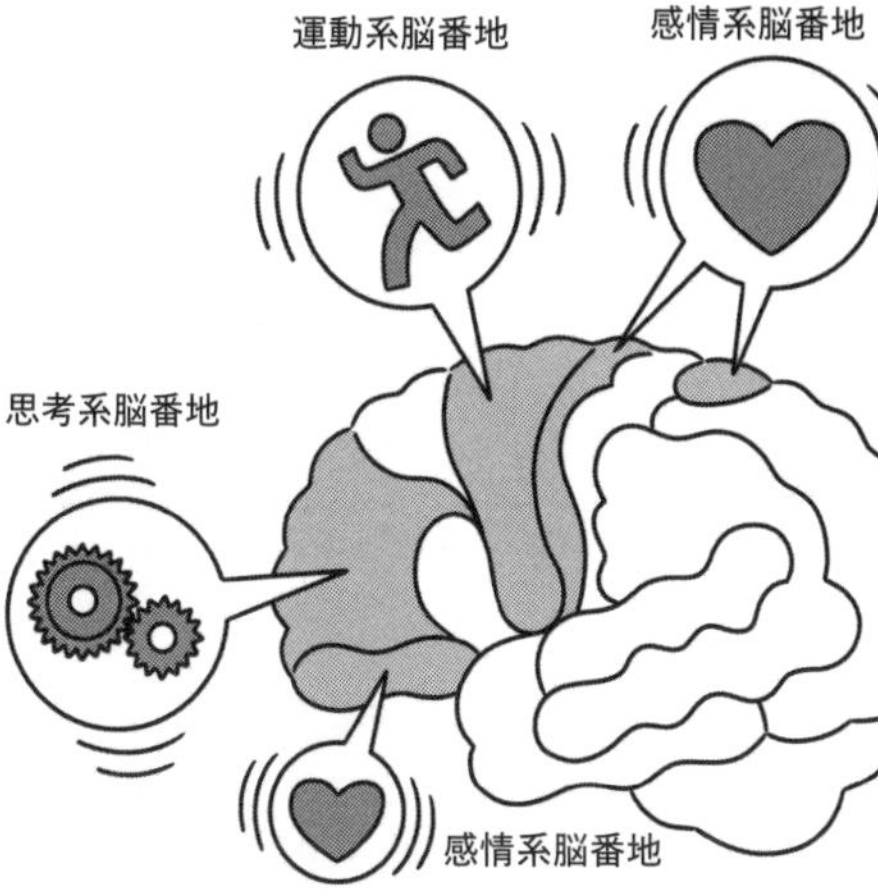

ポイント　リーダータイプの脳番地：思考系・運動系・感情系

リーダータイプは理解力や伝達力も高いのですが、**特に発達しているのは思考系と運動系の脳番地**です。よく考え、よく動く。この2つの能力に下支えされて、理解や伝達の能力も高くなっていると言っていいでしょう。

また、リーダータイプを真にリーダーたらしめているのは感情面の能力ですから、**感情系脳番地、それも他者の感情を読み取る役割を担っている「右脳の感情系脳番地」が発達している**と言えます。

リーダータイプは、アウトプットする場面が多い一方で、記憶系脳番地が十分に発達していないため、じっくりインプットする時間を自ら進んでは持ちづらいという傾向があります。ですので、記憶を溜める時間をいかにしっかりと持てるかが成長の鍵になります。見聞きしたことが十分か、足りていなかったことは何か、子どもが自分自身をしっかり見つめることができるよう、親は環境を整え、促しましょう。

第2章

「論理タイプ」の才能の伸ばし方

論理タイプの取扱説明書

記憶力に優れ、理詰めで考える

論理タイプは、大きく文系と理系の2種類に分かれます。

文系・理系ともに、筋道を立てて考えることに長けています。知識や情報をインプットする意欲が高く、記憶力が高いことも特徴です。

中でも理系の論理タイプはビジュアルイメージを描くことに長けており、クリエイティブ方面に才能を発揮する傾向もあります。

一見、感情のコントロールが上手

論理タイプは、一見したところ、自分の感情のコントロールが上手なように見えます。

しかし、本当に感情のコントロールが上手というのは、自分の感情に関心があり、細やかな感情の動きを十分に自覚したうえで、その取り扱い方を知っているということ。論理タイプは、実はこれには当てはまりません。

むしろ**論理タイプは、自分自身の感情にはあまり関心がなく、感情の動き自体が盛んではない**のです。

それが傍目《はため》には「感情に振り回されない」ように見え、「感情のコントロールが上手」「常に冷静」といった評価になりやすいというわけです。ときには冷静を通り越して、「冷たい」という印象を抱かれてしまうケースも多いでしょう。

そんな論理タイプが感情的になる、数少ないきっかけは、自分の理屈が相手に伝わらなかったときです。

論理タイプは理屈に対するこだわりが強いため、そこを理解されなかったり、否定されたりすると「どうしてわかってくれないんだ！」「否定するほうがおかしい！」と怒りをあらわにすることがあるのです。

「質問力」が高い

論理タイプは、とにかく「理屈が通っていること」に対するこだわりが強いため、理解できないことを解明して納得しようとする意欲があります。

そんな意欲の高さは、しばしば「質問が多い」という行動に表れます。

何を見ても何を聞いても「なんで？」「どうして？」「これはどういうこと？」と問いかけて、周囲の大人たちを煩わせる。たとえば「どうして夕日は赤く見えるの？」「どうして月は毎晩形が変わるの？」などと言い始めたら、納得できるまでやめません。

そこで答えが得られないとみると、今度は自分の内に籠《こ》もって「なんで？」「どうして？」「これはどういうこと？」などと自問自答し続けるでしょう。こうした点で、論理タイプは孤独になりがちでもあります。

親だって忙しいので、何につけてもしつこく問われ続けるのは、困りものだと感じることも多いかもしれません。

でも、**自分を取り巻くものに対する疑問が多いというのは、いわば「サイエンスの**

素質」があるということです。

謎でいっぱいの世界の理《ことわり》を理解したい。納得できるヒントがほしい。

そのために、ついしつこく問うてしまうという、周囲の大人が面倒だと感じがちなところこそ、まさに、その子が「今のありのままの脳」を精一杯発揮している論理タイプの特性なのです。

「癒やしタイプ」と相性がいい

論理タイプは、筋道を立てて考えるのは得意な一方、自他の「感情」に対する感性はあまり鋭くありません。癒やしタイプ（125ページ）は共感能力が高い一方、少し思考がフワフワしていて、論理的に考えるのが苦手なほうです。

つまり論理タイプと癒やしタイプの得意と苦手は、ほぼ相反しているので、お互いの弱いところを補えるという意味で相性がいいと言えます。癒やしタイプと一緒に過ごすことは、論理タイプにとって、人に感謝したり、他者の気持ちを推し量ったり、自分の感情にも関心を向けてみたりするという、あまり馴染《なじ》みのない経験を得るための大切な機会になるでしょう。

「人の気持ちがわからないの？」と責められる

論理タイプは、知識や情報に対する好奇心は強くても、「感情」というものに対する関心や感度は、あまり高くありません。

論理タイプが他者への共感力が弱く見えることが多いのは、自分の感情のみならず、他者の感情に対する関心も薄いためです。論理タイプにとって、必ずしも論理的に説明できるわけではない「感情」とは、筋が通らず、理解しにくい得体の知れないものです。そのため、他者の感情の扱いに困ることも多いのです。

記憶力が高く、理詰めで考える。知識・情報に対する関心が強い。それに加えて自他の感情というものにそれほど関心がないという脳特性が極端に現れると、自閉症スペクトラム障害もしくはアスペルガー症候群と診断される場合があるかもしれません。

ともあれ共感力は社会性に関わるスキルの1つですから、論理タイプの子には、少しずつ自分の感情、他者の感情に関心を持たせ、学ばせていくことが必要です。後で述べるように、手始めに「感謝」の気持ちを教えるといいでしょう。

自学習が偏りがち

もとより知識・情報への好奇心が強く、記憶力が高い論理タイプは、たいてい勉強で困ることはありません。どんどん自ら進んで学ぶので、親が「勉強しなさい」などと導く必要性はあまりないと言えます。

そういう意味では、親や教師は「手がかからない子」と思いがちです。ただし**要注意なのは、過度に子ども自身の自主性に任せていると、子どもの興味関心に応じて自学習が偏りやすいこと**です。

1つの道を極めるのは悪いことではありませんが、特に中学・高校生のうちは、広く浅く、ある程度全般的な知識を身につけることも大切です。

「うちの子は勉強が好きだから」と放置するのではなく、子どもの自学習を注視しつつ、あまりにも偏りが出てきそうなときには、興味の幅を広げるために「こういうのも面白いんじゃない？」といった言葉で導くことも意識するといいでしょう。

その「頑固さ」は、自分なりの理屈の表れ

論理タイプ、という名前から「論理的な説明が得意」という印象を持つ方もいらっしゃるかもしれませんが、**このタイプの子全員が自分の思考を言語化して他者に伝達する能力が高いとは限りません。**

「自分の中で理屈が通っていること」と「自分の中にある理屈を周囲に言葉で伝えること」は別物です。そして、同じ論理タイプの中にも、伝達力が高いタイプと伝達力が低いタイプの両方がいます。

特に、まだまだ脳が質量・ネットワークともに発達段階にある子どもの場合、伝達力が低い論理タイプも少なくないとみるべきでしょう。

59ページの脳特性診断テストでは「論理タイプ」という結果だったけれども、あまり弁が立つようには見えない場合、親はきっと「この子は本当に論理タイプなのかな？」と思うでしょう。でも、それは伝達系脳番地が未発達なだけで、その子なりに、自分の中では理屈が通っている可能性が高いと思ってください。

伝達力が伴っていない論理タイプは、学校のクラスや家庭で孤立しがちです。そこ

が、このタイプが人知れず悩みやすいポイントと言えます。

伝達力があれば、自分の思考を伝えて周囲とコミュニケーションを図ることができます。「理屈っぽい子ども」と見ると扱いづらい局面もあるかもしれませんが、他方、社会に出たときに必要なスキルの1つである「伝える力」がすでにあるのは、強みと言っていいでしょう。

ところが、まだ伝達力が追いついていない論理タイプの場合、自分の中では筋が通っている理屈が他者には見えず、「頑固」「わがまま」「周囲には理解できないこだわりが強い」と捉えられがちです。

たとえば、家族で出かけようというときに、急に「行きたくない」と言い出す。

この行動だけを見ると、周囲には理解不能な「わがまま」ですし、「この子は家族で過ごす時間が好きじゃないのかな？」などと寂しく思ったり、「家族の輪を乱さないでよ」と迷惑に感じたりするかもしれません。しかも、一度こうなると梃子《てこ》でも動かないほどの頑固さを見せるので、手を焼くことも多いでしょう。

しかし、その実、「家族で出かけるのはいいが、帰りに自分の好きな食べ物がない飲食店に寄るのが嫌だ」「渋滞になるとお父さんが不機嫌になるのが嫌だ」などなど、何かしら「行きたくない」という結論に至る自分なりの理屈があるはずなのです。

親としては、そのように認知したうえで辛抱強く向き合い、子どもの中にある理屈を引き出してあげることが、まだ弱い伝達力を鍛える助けとなるでしょう。

論理タイプを伸ばす言葉がけ

論理性にクリエイティビティを足し算する

知識欲が強く、筋道を立てて考えることに長けている論理タイプの才能は、クリエイティビティを伸ばすと一気に花開く可能性があります。

というのも、子どもの頃は特に、論理タイプの論理性は「学習」によるもので、自分のオリジナルではないからです。クリエイティビティが伸びると、その論理性にオリジナリティが加わり、自己発見による新しい論理の展開が可能になることで、唯一無二の才能に昇華されると考えられるのです。

したがって、論理タイプの子どもを伸ばすために親にできることの第一は、前述した伝達力の有無にかかわらず、**その子なりの理屈があることや、納得できる理屈を求めていることを理解する**ことです。

そのうえで、持ち前の論理性が創造的・生産的な方向に向かうよう、サポートしてあげてください。

言葉がけのチョイスは、伝達力の有無で少し違います。

まず、**伝達力が高い論理タイプは、すでに相応の言語化力が備わっており、アウトプットも盛んなので、その論理性をまず称賛し、使い道を導いてあげるといい**でしょう。

逆によくないのは、その子がせっかく自分なりに知識や情報を吸収し、言語化したことを否定するような言葉がけです。

そもそも中学・高校生の段階で、完全に自分オリジナルのアイデアがあるのは稀《まれ》です。にもかかわらず、オリジナルでないことをあげつらって否定しては、論理タイプの子の萎縮や意欲減退、才能の伸び悩みにつながりかねません。

一方、伝達力の低い論理タイプは、自分の思考や身につけた知識などを自分なりに言語化して伝える力が弱いために、そもそもアウトプット量が少ないうえに、アウトプットしたとしても論理性に欠落が見られる場合が多いでしょう。

頭の中では筋道を立てて考えることができているのに、言語化の際に大事なピースが抜け落ちてしまうのです。

したがって、伝達力が低い論理タイプに対しては、まずたくさん話しかけてアウトプットを促すことが重要なのですが、そこで論理的に未熟なアウトプットを一方的に「非論理的」と見なし、否定するのはよくありません。

「頭の中では理屈が成立しているはずだ」という前提で、あくまでも言語化の際に欠落しているだけのピースを一緒に探してあげることを心がけてください。

以上のことを踏まえて、論理タイプの子どもに対してはどのような言葉をかけるとよいでしょうか。「①伝達力が高い論理タイプ」と「②伝達力の低い論理タイプ」で適切な言葉がけは大きく異なります。

言葉がけのコツ① 伝達力が高い論理タイプの場合

○

「そうなんだ！ へえ、知らなかった」

→その子の持つ豊かな知識を認め、ほめてあげましょう。

○

「そんなこと知ってて、すごいね。××くんにも教えてあげたら喜ぶんじゃない？」

→論理タイプの子には、論理性をほめつつ、その使い道を導いてあげるのがよいでしょう。

×

「そんなの、知ってるよ」

→子どもが自分なりに獲得した知識を言語化した内容を否定してはいけません。

✕

「はいはい、わかったわかった。○○ちゃんが言ってたことね」

アイデアがその子オリジナルのものでなかったとしても、それをあげつらって否定してはいけません。

言葉がけのコツ② 伝達力が低い論理タイプの場合

○

「そうなんだ。それって○○っていうことかな？」

言語化の際に欠落しているピースを子どもと一緒に探す感覚で、深掘りする質問を投げかけましょう。

○

「どうして、そういう結論になったのかな。この点はどう思う？」

その子の頭の中で成立しているであろう理屈を上手に引き出しましょう。

✕

「それ、全然違うよ」

→自分の考えを全否定されると、その子は意欲を失ってしまうでしょう。

✕

「何を言っているのか、全然わからない」

→言語化できる子どもだけが、論理タイプとは限りません。自分の頭の中で論理の整合性が取れている一方、周囲に「伝わる言葉」として言語化することは不得手、という子どもも、論理タイプに該当します。

後者のタイプの子どもに対しては、発言の真意が汲《く》み取りにくかったとしても「非論理的」と断定してはいけません。

論理タイプを伸ばす言葉

論理タイプを伸ばす習慣

「感謝」を学ぶ機会を与える

論理タイプは、基本的に感情というものに対してあまり関心がないため、他者の感情の動きがわからず、対処に困ることもしばしばです。そのために、人間関係構築においても壁にぶつかりがちです。

そんな論理タイプが、一気に多種多様な感情を学び取るのは難しいので、**まずは「感謝」を教えることから始める**といいでしょう。

論理タイプには、悪意があるわけではなく、ただ「感謝」という概念が自分の中にあまりないだけである場合が多いのです。ですから、人から何かをしてもらったら、態度や言葉で「ありがとう」と示すことが人間関係の基礎であるということを教えてあげてください。それには「感謝のロールモデル」を示してあげると、より効果的です。

ロールモデルを模倣させる

外界への関心や知的好奇心が強い論理タイプに、「憧れの人」がいるのは珍しいことではありません。そこで、その子が尊敬する人を引き合いに出し、「あの人は、こんなふうに感謝していたよ」などと伝え、子どもが真似するように導くと、比較的すんなりと感謝を学ばせることができるでしょう。

さらに、その憧れの人がどのように感謝の気持ちを表現しているかを具体的に示すことで、子どもが憧れの人の行動を模倣しやすくなります。たとえば、感謝の言葉だけでなく、感謝の気持ちを表す行動や態度などについても教えてあげるとよいでしょう。

「あの人は、いつも笑顔でありがとうと言っているよ」「あの人は、感謝の気持ちを手紙に書いて伝えているんだよ」などと具体的な例を挙げることで、子どもが感謝の表現方法を理解しやすくなります。

このように、尊敬する人の行動を通じて感謝を学ぶことで、論理タイプの子どもも自然と感謝の気持ちを周囲に対して表現し始め、自然と人間関係を円滑に築くことができるようになるでしょう。

論理タイプの発達している脳番地

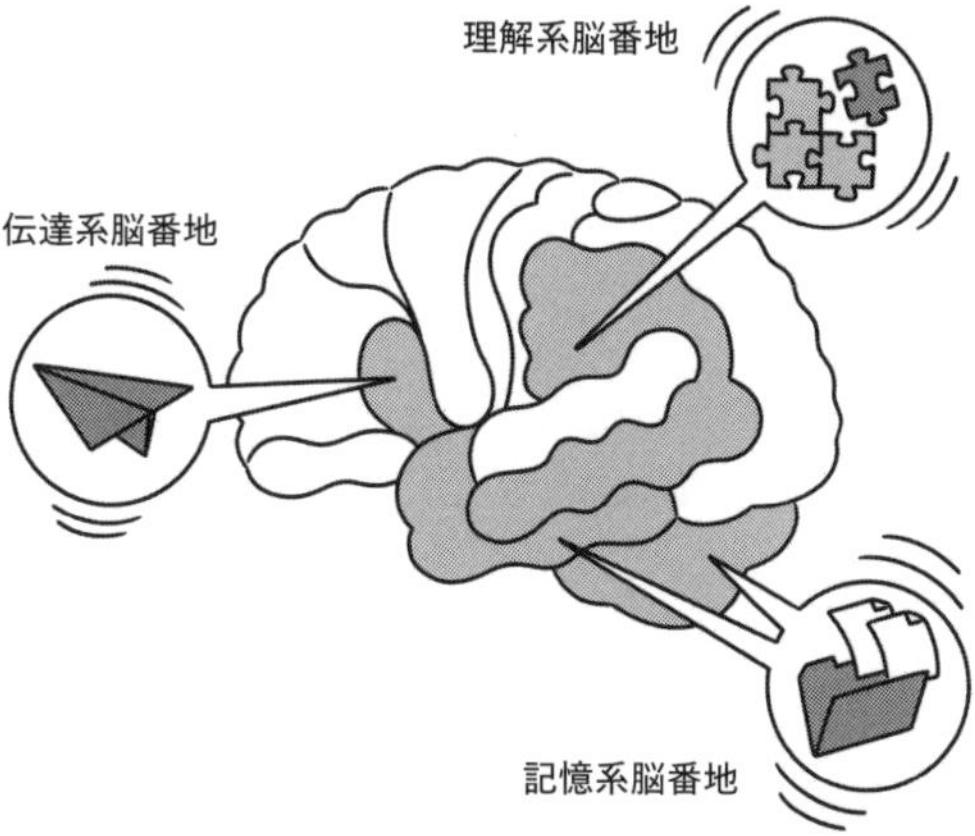

ポイント **論理タイプの脳番地：理解系・記憶系・（伝達力が高い論理タイプ：伝達系）**

論理タイプは、物事を理解し、記憶することに長けていることから、**理解系脳番地と記憶系脳番地が発達**しています。**伝達力が高い論理タイプの場合は、これらに加えて伝達系脳番地も発達**しています。ここから感情系脳番地を鍛えることで、自分の論理性をほかの人たちのために役立てることができるようになるのです。

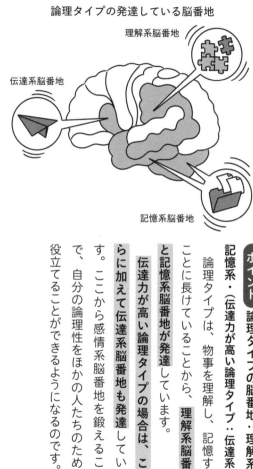

第3章

「クリエイティブタイプ」の才能の伸ばし方

クリエイティブタイプの取扱説明書

好奇心が強く、何かを「好きになる力」が強い

クリエイティブタイプは好奇心旺盛です。といっても、知識全般に対する知的好奇心が強い論理タイプ（85ページ）とは違い、**1つのことをとことん突き詰めるタイプ**です。突然、ある分野や事柄に強烈に熱中し始めるので、周囲を驚かせることも多いでしょう。

そんなクリエイティブタイプは、**8タイプの中でも「何かを好きになる力」が際立って強い**と言えます。

しかも、ただ突発的に「好き」と思うのではなく、その気持ちが持続します。

1つの分野で創造性が発揮されるには、まず慣れ親しみ、自分なりに落とし込み、そこにオリジナリティを加えていくという具合に、一定期間は継続する必要があります。つまり、「好き」という気持ちの持続力は、クリエイティブタイプの創造性の源泉の1つと言っていいでしょう。

クリエイティブタイプの「好き」に明確な理由は存在しないし、必要もありません。「好きだから」「やってみたいから」というだけで、ものすごい集中力を発揮して、たとえ誰に何と言われようと、どのように見られようと継続的に探究していく力があるのです。

他者の脳を刺激するため、人をイラつかせることも

クリエイティブタイプは、基本的に自分以外の誰かが考えたルールに従うことよりも、自分で一から組み立てることを好みます。たとえば定食屋さんでランチを食べるときに、セットメニューではなく、割高になってもアラカルトで注文することを好む、そんなタイプです。

そうした「我が道を行く」態度や言動は、いちいち周囲の人たちの脳を刺激します。その刺激によって周りの人たちをイラつかせ、ともすれば口論にまで発展すること

もあるでしょう。通常ならば「右向け右」ですんなりいくことも、クリエイティブタイプひとりの存在のために一筋縄ではいかなくなってしまうのです。

これは一見したところは「協調性がない」という問題行動です。そのため、親としては心配になるかもしれません。でも、このタイプの子どもを無理に周囲に馴染ませようとするのは得策ではありません。

しばしば周囲をイラつかせ、ともすれば口論にまで発展することこそ、その子のクリエイティビティが発露している証《あかし》です。人と違うから人をイラつかせるし、人と違うから、人と反発し合って口論になるわけです。

要するに「人と違う」という独自性こそ、クリエイティブタイプが持つ最大の特徴であり、才能の宝庫と言えるのですから、それを一方的に否定して周囲に馴染ませようとするのは、才能が発揮される前段階で、その芽を摘んでしまうに等しいのです。

向上心が強く、現状に満足しない

独創性とは、1つの形や段階に留《とど》まらないものです。外部からの刺激や、自分自身の内的変化によって、どんどん変容するのが独創性の常であり、絶えず変容することを求めるのもまた、クリエイティブタイプの特徴です。

そのため、クリエイティブタイプは、親の目には勝手気ままで捉えどころがないように映るかもしれません。

でも、言い換えれば、それは現状に満足せず、絶えず変化したいという気持ち、向上したいという気持ちが強いということでしょう。**枠にはめようとせず自由にさせていれば、クリエイティブタイプの創造性は自由に伸びていき、いつの日か、誰も想像していなかったようなものを生み出す**ことも考えられます。

「バランスタイプ」と相性がいい

クリエイティブタイプは「他の子とは違う感じ」が持ち味ですが、人付き合いでは、その点が妨げとなる場合が多いでしょう。独特な感性の持ち主であり、しかも感情の移ろいが激しいため、正直なところ、あまり周囲にとって付き合いやすい相手ではないでしょう。

しかし、その**特異性こそがクリエイティブタイプの強み**です。無理に誰とでも仲良くさせようとして才能が摩耗するのは、本人はもちろん、親だって望ましくないでしょう。

そんなクリエイティブタイプと仲良くなれる可能性が高いのは、バランスタイプ（145ページ）です。

すでに突出した個性がある者同士は、意気投合すれば無二の友人になれますが、凸と凸がぶつかってうまくいかない場合も多いものです。

その点、まだ突出したところがないバランスタイプならば、個性的なクリエイティブタイプとうまく付き合えるでしょう。

そのため、バランスタイプは、他の子たちとひと味もふた味も違うクリエイティブタイプに刺激を受けて、まだ埋もれている個性が覚醒する可能性があります。

また前述したように、クリエイティブタイプの子どもは、自分の好奇心の向く対象や、自分の手で創造したこと「以外」の記憶が鮮明ではなく、記憶力に凸凹がありま す。その点、バランスタイプは満遍なく記憶していて安定したパフォーマンスを示すため、お互いを補い合える関係性と言えるでしょう。

このように、クリエイティブタイプとバランスタイプは、まったく違う互いの脳特性を活かし合える、いい関係になることができるのです。

ルールがストレスになる

好奇心と探究心が旺盛で、人とは異なる感性の持ち主であるクリエイティブタイプは、**答えがわかりきっている問題に取り組まされたり、みんなと同じことをさせられたりすると、非常に強いストレスを感じます。**

クリエイティブタイプにとって、もっとも苦痛なのは独創性を発揮できない状況に置かれることなのです。

何かに取り組み始めたら、自分が納得できるまで突き詰めたいタイプなので、**「締め切りの観念」が抜け落ちがち**でもあります。クリエイティブタイプにとっては「期日があること」でやる気を削《そ》がれて、その独創的思考を抑制してしまう状況になりかねません。また、決められた期日に向けて計画的に進めるのも得意ではありません。

いっさいストレスを感じずに自由に独創性を発揮できるのが一番ですが、期日は、どうしても守らなくてはいけないこともあるでしょう。その際は**子どもに並走するつもりで無理のない計画を立て、計画通りに進めるよう導く**など、手助けをしてあげてください。

落ち着きがなく見えるのは、鋭い感性の表れ

クリエイティブタイプの独創性は、感性の鋭さによるものです。落ち着きがないように見えるのもクリエイティブタイプの特徴なのですが、それは**外界の刺激に敏感で、鋭い感性で常にいろいろなことをキャッチしている**ため、と言っていいでしょう。

基本的にじっとしていられず、肉体的にも精神的にも、ひとところに留まることができない。この特性が極端に現れると、わがままが前面に表れやすいＡＤＨＤ（注意欠陥多動性障害）と見られてしまう場合もあるかもしれません。その場合、記憶力、特に過去の出来事を記憶したり、思い出したりするのが苦手です。ただ、自分で創造したもののことは、よく覚えています。

クリエイティブタイプは前進型の思考の持ち主で、「過去のことはさておき、新しいものを今から創ればいい」という、0から1を生み出す才能の持ち主なのです。

一方で、「クリエイティブ」というと「絵が得意」「創作が得意」「楽器の演奏が得意」など芸術的な才能を思い浮かべるかもしれませんが、クリエイティブタイプの脳特性が、そういう形で発露するとは限りません。

ですから、「ただ落ち着きがないだけで、芸術的な才能があるようには見えない……」「記憶力が弱い」などと落胆せずに、落ち着きがないこと自体を、無闇に過去の出来事を振り返らない未来志向の性格の表れであり、鋭い感性を備えている証と捉えてください。

落ち着きがない子、記憶の曖昧な子は、たしかに問題視されがちです。でもクリエイティブタイプの才能を伸ばしていくには、問題に見える表層だけを捉えるのではなく、まず、その奥底には独特な感性からくる創造性という宝物が眠っているのだという理解が必要なのです。

友達ができにくくても、意外と気にしてない

クリエイティブタイプは「自分の世界」を持っており、友達ができづらい場合が多いでしょう。この点も親としては心配かもしれませんが、そんな親の気持ちをよそに、案外、本人は気にしていないものです。

決して人が嫌いなわけではない。ただし、あくまでも**「自分の世界」で遊んでいることが一番の関心事であり、他者の介在を必要としない**（むしろ他者により集中力を削がれることを「邪魔」と感じる）のもクリエイティブタイプの傾向なのです。

現に、類稀《たぐいまれ》なる才能を発揮しているアーティストには、「幼少期に友達なんてひとりもいなかった」「他人と一緒に過ごすよりも、自分の世界に浸っているほうがよかった」という人も珍しくありません。

「友達がいない＝孤独、将来が心配」というのは、あくまでも親の価値観、尺度にすぎないのです。

もちろん、友達がいないことに本人が悩んでいる様子ならば手助けが必要ですが、本人が気にしていないのに、勝手に心配して友達を作らせようとしたら、クリエイテ

イブタイプの子に苦痛を与えるだけになるかもしれません。

気分が不安定でも、悩んでいるとは限らない

クリエイティブタイプは、気分が移ろいやすく不安定でもあります。感性が鋭く、外界の刺激に敏感なので、ちょっとしたことで楽しい気分になったり、沈んだりする。それが傍目には「生きづらそう」と映るかもしれません。

ただし、この点においても勝手な決めつけは無用です。本人にとってはクリエイティブであることが一番重要であり、それゆえに気分が移ろいやすく不安定であることに、本人が悩んでいるとは限らないのです。

周囲が勝手に「それは苦しいこと」と決めつけず、気分の浮き沈みに本人が悩んでいる様子ならば手を貸す、気にしていないようなら自由にさせるというさじ加減で、子どもと向き合うことが大切です。

クリエイティブタイプを伸ばす言葉がけ

「変わっていること」が強みだと自覚させる

クリエイティブタイプは、基本的に「自分の世界」に浸っていられれば幸せ、という子が多いのですが、中には「周りと違うこと」や「友達ができづらいこと」などを人から指摘されて、悩んでしまう子もいるかもしれません。

また、その独自性によって図らずも他者の脳を刺激し、しばしば人をイラつかせたり口論になったりすることに、自分自身が当惑することもあるでしょう。

決して悪気はないのに、態度や行動を周囲から責められて、「どうして自分は周囲とうまくやれないんだろう?」「どうして怒られることが多いんだろう?」と、人知れず落ち込んでいることもありえます。

こうした悩みすべてが、クリエイティブタイプにとっては、持ち前の創造性を発揮し、自由に伸ばしていくことを妨げる足かせとなってしまいます。

ですから、親としては、まず「他の子と違う感じ」こそが、その子の宝物であると

理解し、「あなたはクリエイティブな人間なのだ」と自覚させてあげることが大切です。

「人と違うこと」はまったく悪いことではない。それどころか「周りの子たちと違う感じ」にこそ、あなたの真価があり、誰もやっていないことを成し遂げる素質がある。常にこのように伝え、勇気づけて、「人と違うこと」で生まれる悩みや自責の念――クリエイティビティの足かせとなるものすべてから、子どもを解放してあげてください。**子どもの頃から創造的であるというのは、早くから独自性が育っているということ。**その点を理解し、認めているという親の態度や言葉こそ、クリエイティブタイプの子どもが一番求めているものなのです。

以上の事柄を踏まえて、このタイプの子に言葉をかける際にはどのようにしたらよいでしょうか？　例を見てみましょう。

言葉がけのコツ

○
「それ、面白いね！　どんなふうにしたいの？」

独創性を評価し、深掘りする質問を投げかけましょう。

○
「わあ、こんなの、初めて見たよ！」

「他の子にない感じ」を大いに認め、ポジティブな評価をしてあげましょう。

○
「これ、前のやつとどう違うの？」

過去の創造物と新しい創造物との差分について質問することで、才能が伸びやすくなるでしょう。

✕

「間違ってるよ！　やめなさい！」

⇩その子の創造性を否定する一言は禁物です。

✕

「前にも言ったでしょう！　なんで覚えていないの？」

⇩関心があるものや、自分が作ったもの「以外」の記憶力が弱いことを叱っても、その子は萎縮するばかりです。

✕

「もっと、みんなと仲良くしなさい！」

⇩集団のルールに合わせて行動したり、他人のペースに合わせたりすることを強制してはいけません。

クリエイティブタイプを伸ばす習慣

好奇心を満たすために、いろいろな体験をさせる

好奇心が強く、感性が鋭いことがクリエイティブタイプの一番の持ち味です。自らどんどん世界を広げる力もありますが、子どものうちは、できることや行動範囲に限界があるでしょう。そこで、せっかくの好奇心と感性に制限がかかってしまわないよう、親が進んでいろいろな場所へ連れていき、多様な体験をさせることが、クリエイティブタイプにはもっとも効果的です。

子どもは、中学・高校生くらいの年頃になると自分の世界ができて、親と一緒に過ごす時間は自然と少なくなっていくものです。「いろいろな場所に連れていくといっても、はたして親の誘いに素直に乗ってくれるだろうか」と思うかもしれません。でも、クリエイティブタイプの好奇心と探究心の強さは、ときに親を煩わしく思う思春期特有のメンタルを上回ります。もし親のことを「ちょっと面倒だな」と思っていた

クリエイティブタイプを伸ばす言葉

わあ、こんなの、初めて見たよ！
SKETCH BOOK

としても、好奇心と探究心を満たすためならば、きっとついてくるでしょう。

親自身も視野を広げる努力をする

そのためには、**親自身の視野も広く開かれていることが重要**です。クリエイティブタイプの我が子と一緒に世界を冒険するようなつもりで、好奇心を持って世の中を眺め、積極的に幅広い情報収集をするよう、努めてください。

親が新しいことに興味を持ち、学び続ける姿勢を見せることで、子どもも自然とその姿勢を見習うようになります。

たとえば、親自身が新しい趣味を

始めたり、異文化に触れる機会を作ったりすることが、子どもの好奇心をさらに刺激するでしょう。

また、親が自分の興味や関心を子どもと共有することで、親子のコミュニケーションが深まり、子どもも安心して自分の興味を追究できる環境が整います。親が積極的に新しい体験を楽しむ姿を見せることで、子どもも「新しいことに挑戦することは楽しい」と感じるようになるでしょう。親自身が視野を広げる努力をすることは、子どもの成長にとって非常に大切な要素なのです。

ポイント　クリエイティブタイプの脳番地：視覚系または聴覚系・理解系

まず、クリエイティブタイプは「自分の好きなこと」に関する情報を深く理解し、考察する力が優れていると言えるため、理解系脳番地も発達していると言えます。

このほかで発達している脳番地は、現在、「好きになる力」や創造性が発揮されているものによって2種類に分かれます。

つまり絵が好きな子は視覚系脳番地、音楽が好きな子は聴覚系脳番地が発達している

クリエイティブタイプの発達している脳番地

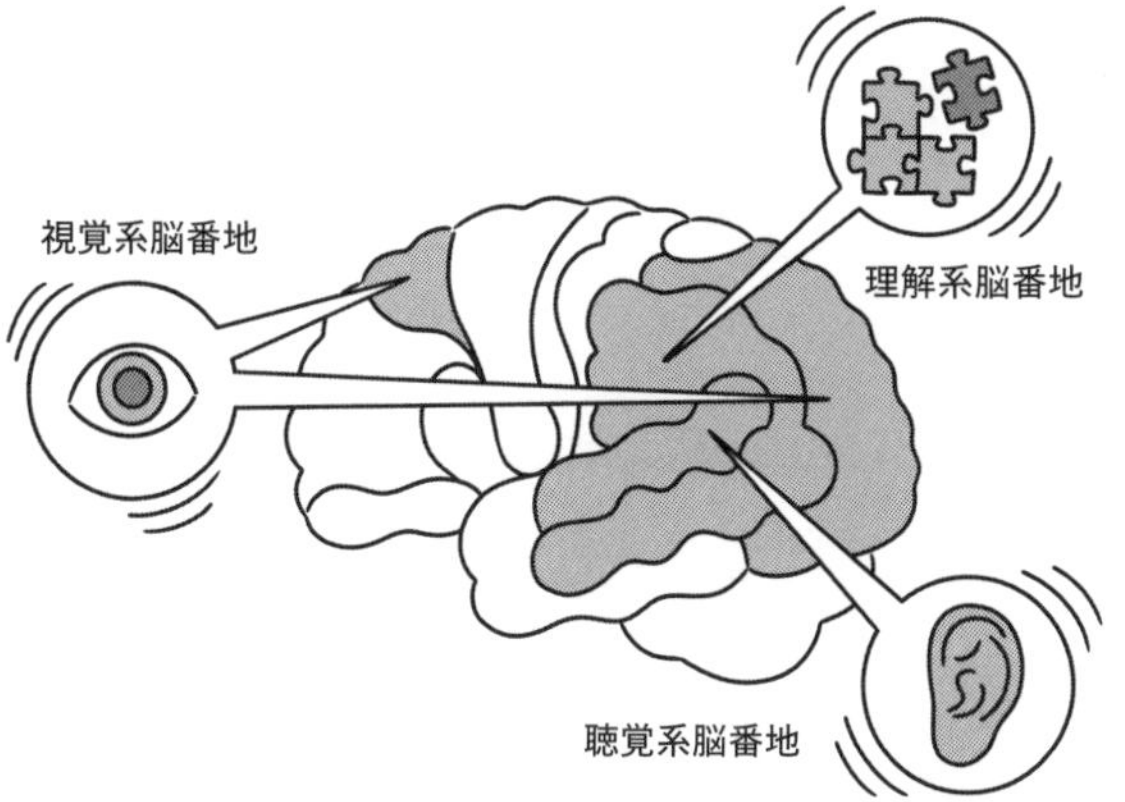

ということですが、すべてのクリエイティブタイプに共通して高いのは「何かを見て理解する力」、つまり**視覚系と理解系の脳番地が発達**しているということです。

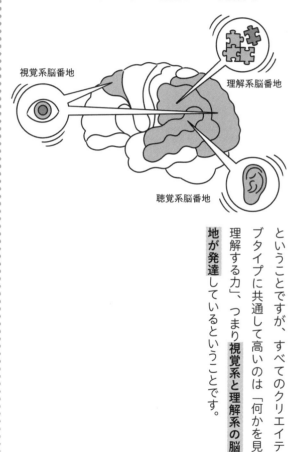

第4章

「癒やしタイプ」の才能の伸ばし方

癒やしタイプの取扱説明書

周囲の状況、人に対する感受性が強い

癒やしタイプは、基本的には何事においても受け身です。

「積極性に欠ける」と捉えると問題に見えてしまいますが、**受け身であるというのは、それだけ周りの人たちや状況の情報を常に「受信」しているということ**です。理解力も伴っているとは限らないのですが、よく周囲を見渡し、耳を傾けていることは確かです。

ただし癒やしタイプは、あまり強く自己主張するタイプではなく、周囲から多くの情報を受信していても、自分から能動的に発信することは少ないでしょう。受信した情報を精査して優劣をつけ、自分がしたいこと、すべきことを自己決定するのも苦手です。

こうした特性が極端に現れると、ADD（多動性・衝動性の少ない注意欠陥障害）と診断される場合もあるかもしれません。受信力が高い一方で、受信した情報すべてに満遍なく注意を払うことはできません。また、そもそも多くの情報を受信しすぎて混乱している自分を自覚することも苦手です。

結果として、受信した情報の優劣をつけたり、選別したりすることができず、不注意になりやすい。ただし多動性は伴いません。したがって、「落ち着きのなさ」など、周囲が一見してわかるような「行動」として発現しにくく、周囲からは「注意力が弱い」と気づかれていない、というケースも見られます。

言語化が苦手で優柔不断

受信力が高いと、周囲の情報が並列的かつ大量に入ってくるため、優先順位をつけづらくなります。これも、癒やしタイプがあまり自己主張をせず、決断するのも苦手な一因と言っていいでしょう。

決断するには、ワーッと並列的に入ってくる情報に優劣をつけ、自分の思考を含めて言葉にすることが必要です。

ところが癒やしタイプは、そういうプロセス自体に非常に不慣れなのです。特に子どものうちは言語化力が未熟なこともあり、「自己主張しない子」「決められない子」になりがちです。周囲の目には、それが「優柔不断」と映ることも多いでしょう。

頼りなく見えるのは、周囲を尊重しているから

癒やしタイプは、一緒にいると文字通り癒やされ、特に気を使わずに付き合える雰囲気をまとっています。

とても優しくて、決して人を否定しませんし、攻撃的になることもありません。そのため、**努めて自分から仲良くなろうとアプローチしなくても、気がついたら周りに友達がたくさんいる**でしょう。

いつも控えめで、ただ、その場に静かに存在している。言語化も自己主張もしないけれども、実は周囲からさまざまな情報をキャッチしている。常に周りに合わせることが先に立つので、自分の意思がなくて頼りないように見える。

それが癒やしタイプであるということを、親をはじめ周りの人たちは、まず理解する必要があります。

ここからは人それぞれですが、10代後半から20代で伝達力が伴ってくると、「あなたって、こういうところがあるよね」などと**人の隠れた性格などを言い当てる、鋭い五感で捉えた微妙な香りや味の違いを指摘するなどの特徴が現れてくるケースも見られます。**

このように言語化されて初めて、周りの人たちは癒やしタイプの受信力の高さを知り、「そんなことまでわかるの？」「そんなことまで見ていたの？」と驚くのです。

じっくりと社会性を磨いていく大器晩成型

人を和ませ、誰とでもうまく付き合える癒やしタイプですが、かといって、**リーダーとして人をまとめ、1つの方向に導くことはあまり得意ではありません。**

癒やしタイプは、自分の考えが「あるようで、ない」「ないようで、ある」という捉えどころがないタイプであり、リーダーに必要とされる「思いの強さ」「言葉の強さ」

や「意思疎通力」は、あまり持ち合わせていないのです。

しかし、そんな**癒やしタイプが、後年予想外に人の上に立つというのは、実はよくあるケース**です。

中学・高校生の頃は、意思がないように見えて頼りなかった。ところが大人になって、所属する組織内の雰囲気をよくしているうちに、徐々に人に頼られるようになり、自分の考えを人に伝える、人をまとめ率いるという意味での社会性も身についてくる。そして、いつの間にか責任あるポストに就いている、といったケースです。

そんなことも起こりうるという意味では、**癒やしタイプは、大器晩成型**と言ってもいいでしょう。今、意思がなく頼りなさそうに見えるのは、ただ社会性の獲得に時間がかかっているだけで、後年、大変化する可能性を秘めているのです。

「リーダータイプ」「論理タイプ」と相性がいい

自己主張がなく、物事を決断するのも得意ではない。これとは正反対のタイプと相性がいいでしょう。

即断即決でテキパキと物事を進める相手や、理屈が通っていて弁が立つ相手を癒やしつつ、その周りの人間たちをも和ませて、人間関係を円滑にする。そんなサポート力は、リーダータイプ（67ページ）や論理タイプ（85ページ）と仲良くすると発揮されます。この2タイプとは、きっとよき相棒となれるでしょう。

お人好しのため、損をしやすい

癒やしタイプの最大の悩みは、自己主張がないために「決められない」ことです。決断を迫られる局面が非常に苦手であり、周囲には「優柔不断な子」という印象を与えることが多いでしょう。

また、癒やしタイプは常に周囲の状況を捉えて、人に合わせます。言ってみれば**「空気を読む達人」なので、人間関係の緩衝材となって周囲を和ませることができる**のです。人が集まる場所にひとり、癒やしタイプがいるだけで人間関係は円滑になるでしょう。

しかし、いつも静かで自己主張しない癒やしタイプは、周りにいる人たちによっては、ともすれば意地悪をされたり、「便利屋」として都合よく利用されたりする恐れもあります。

いつも周囲に合わせ、「NO」とは言わない自己主張のなさは、傍目には「お人好《ひとよ》し」「何でも言うことを聞いてくれる存在」に映ることも多く、そのせいで損しやすいタイプでもあるのです。これも癒やしタイプが抱えやすい悩みと言えます。

もしかすると、親としては癒やしタイプの子の将来が心配になるかもしれません。

今後、社会に出ることまで見据えたアドバイスをするならば、「手に職をつける」の は1つの道です。

腕一本で仕事が成り立つスペシャリストになれば、自ずと得意な分野と不得意な分野、あるいは自分と他人との境界線がはっきりします。すると結果として、情報を選別する際に「自分の専門のことは決める。それ以外のことは決めなくてもいい」と判断基準が明確になり、迷いが少なくなります。

また、その人にしかないスキルを持ち合わせていると、自己主張を強くするまでもなく周囲から尊重されるでしょう。

「やりたいこと」がわかりにくい

もともと控えめな癒やしタイプの場合、その秘めたる可能性があまりにも密《ひそ》やかであるために、なかなか周囲に気づかれにくいことが難点です。

子どもの才能を伸ばすには、子どもの脳特性に対する認知と理解が必要、というのは全タイプに言えることですが、特に、この癒やしタイプについては、ぜひ親をはじめとした周りの人たちが、その脳特性に早めに気づき、理解してあげることが重要なのです。

親自身もどこか、いつの間にか癒やされていることが少なくありません。しかし、このタイプの子を持つ親は我が子からの癒やし以上の包容力を持って接することが必要です。このことはぜひとも、覚えておいてください。

癒やしタイプには、際立った問題行動は見られないため、ちゃんと言うことを聞く「育てやすい子」「いい子」と見なされがちです。だからといって何のアプローチもされなければ、後年、大きく開花するかもしれない可能性は、芽吹くことすらできないかもしれません。

自分の意見を持ちにくい

情報の優劣をつけることが苦手な癒やしタイプは、物事を計画的に進めるのも得意ではありません。計画的に物事を進めるには「やるべきこと」と「やらなくていいこと」の取捨選択や、「いつ、何をすべきか」というタイミングの見極めが不可欠だからです。

また、友達が多い反面、人から「こうしよう」「こうして」と言われたら、そこでも自分にとっての優先順位をつけられないために、基本的に「ＮＯ」とは言いません。周りの人たちから言われるがままになっているうちに、いつの間にかやることが増えて、大変な思いをしてしまう、ということにもなりやすいでしょう。

癒やしタイプを伸ばす言葉がけ

やるべきことを限定する

親としては、癒やしタイプの脳特性を理解するためにも、まず、なるべく多くの時間を一緒に過ごすことが大切です。

そのうえで、**親が率先して「今、すべきこと」を限定してあげてください。**

癒やしタイプは、物事の優先順位をつけることを非常に苦手とします。また、人から言われたことにすぐに影響されます。言ってみれば「錘《おもり》のついていないブイ」のようなもので、非常に流されやすいのです。

ですから、たとえば、やるべきことが1から10まであるとして、人に「1」と言われたら2～10を忘れて1のことしか考えられなくなるし、「2」と言われたら1と3～10を忘れて2のことしか考えられなくなる、というように振り回されがちです。

そんな**癒やしタイプが順当に物事を進めるためには、ある程度、外部からの情報統制が必要**です。「今は、これをしよう」と限定し、「できているよ、大丈夫だよ」と勇気づけることが癒やしタイプの助けとなるでしょう。

こういう接し方は、「過保護」ではないかと思われるかもしれません。でも、特に問題行動が見られないために脳特性に気づかれず、才能を伸ばすためのアプローチもされにくい癒やしタイプには、**実は、過保護なくらいのサポートをするのがちょうどいい**

いのです。

「子どもの自主性を尊重する」というと聞こえはいいですが、この親の姿勢がすべてのタイプの子どもに対して好影響を与えるかというと、そうではないと私は考えています。その子の脳特性を理解し、その子の脳に合った接し方をすることが大切なのです。

一対一で、じっくり向き合う

まだ伝達力が伴っていないだけで、癒やしタイプは、本当はいろいろな情報を受信し、未熟ながらも考えているものです。親はじっくりと一対一で向き合って、その内側にある思考を言語化する手伝いをしてあげてください。

子どもの伝達力は未発達ですが、特に癒やしタイプは、たとえ自分の中に答えがあっても、周囲に伝わりやすい言葉では、上手に言語化することができません。

また、「行きたいか、行きたくないか」「やるか、やらないか」といった単純な決断であっても、いろいろな情報に振り回されて「本当にこれでいいのだろうか」という不安要素、迷いが残りがちです。そこもうまく説明できず、なかなか意思表示ができないのです。

ですから、自分で考えて出した答えを説明しなくてはいけないような質問、決断を迫るような質問を急にすると、癒やしタイプは困惑してしまいます。

せっかちな性格の親は、もどかしく感じることが多くなりそうですが、そこで続けざまに質問して追い詰めるのはまったく得策ではありません。

癒やしタイプの子どもがプレッシャーを感じないよう、少し先回りして「こういうことかな？」と結論までセットで提示してみる、「これとこれ、どっちがいい？」など**あらかじめ選択肢を限定する問いかけ方が望ましい**でしょう。

そうしているうちに、ちょっとずつ、しかし着実に伝達力や意思疎通力が身につき、もう少し高度な問いに対しても、きちんと自分の言葉で答えることができるようになっていくでしょう。

少し時間はかかると思いますが、**辛抱強く付き合ってあげることが、ゆくゆくは癒やしタイプならではの才能の開花につながります。**まず、周りにいる人間がそのように信じて付き合うことが、後になってジワジワと効いてくるタイプなのです。
以上のことを念頭に置くと、どのような言葉がけが適切で、また逆に不適切なのでしょうか。例を見ていきましょう。

言葉がけのコツ

○

「まずはこれをやってみようね」

↓優先順位をつけるのが不得手な癒やしタイプの子に対し、親は選ぶべき選択肢を限定してあげるのがよいでしょう。

○

「今度の休みに出かけるのは、○○と△△、どっちがいい？」

↓癒やしタイプはたくさんの情報の中から1つを決めることが苦手です。候補をいくつかに絞って、その中から選ばせてあげましょう。

✕

「自分で考えなさい」

→選択肢が提示されない中で、自分でゼロから考え出すことが不得手なこのタイプには、こうした言葉がけはご法度《はっと》です。

✕

「意見を言いなさい」

→言語化が不得意なこのタイプの子は、自分の意見を言うのが苦手です。このように言葉をかけて追い詰めないようにしましょう。

癒やしタイプを伸ばす習慣

体験学習を重視する

癒やしタイプは「1を言って10を理解する」タイプではありません。言ってみれば、**「1を体験して1を学び取る」のが癒やしタイプ**ですから、座学よりも実践、もっと言

癒やしタイプを伸ばす言葉

えば体験学習が向いているでしょう。

ほとんど自己主張をしない癒やしタイプに何をさせてみても、あまり手応えが感じられず、親としては不安になるかもしれません。でも、それはただ単に、周囲にとってわかりやすい反応として表に出ないだけで、内側では体験から学んでいるのだと信じてあげるように心がけてください。

体験したことを日々、日記に書く習慣を持つ

誰でも経験したことは印象に残りやすいものですが、それを一度きりで終わら

せず、繰り返し反復して実感することが非常に重要です。**経験を何度も思い返すことで、より深く理解し、自分の中に定着させることができます。**日記を書くという行為も、その一助となります。ただ「こんなことをした」「面白かった」と簡単に済ませるだけではなく、実際にやったことを具体的に記録することが日記の重要な役割です。手書きで記録しておくことで、後からノートをめくった際に「いつ、何をしたのか」を再確認することができ、思い出をより鮮明に思い起こせるのです。

また、**手書きに限らず、写真や画像をアルバムに残すことも有効**です。視覚的な記録が加わることで、当時の出来事をさらにリアルに感じ取ることができ、後々の参考にもなるでしょう。

親の失敗談を交えて伝える

常に周囲をよく見ていて、人を尊重するという癒やしタイプは、自己肯定感が低くなりがちな傾向があります。人知れず、「みんな、意思も決断力もあってすごいな、それに引き換え自分は……」といった自信喪失に陥っているかもしれません。

その可能性を考えたときに、一番いいのは、親が「等身大の自分」を見せることです。

たとえば、**親の欠点や失敗談を話す。**また、「あなたと私はこんなところが似ているね」「あなたのこういうところは、私から引き継いだのね」など**親との共通項を示してあげる**と、自己肯定感が知らず知らずのうちに削られてしまいがちな癒やしタイプを安心させることができるでしょう。

ポイント **癒やしタイプの脳番地：聴覚系・感情系**

癒やしタイプは周囲の人たちや状況の情報受信力が高い。特に人の話をよく「聞く」ことができて、他者の「感情」に対する感度が高いため、**聴覚系と感情系の脳番地が発達**していると言えます。

一方で、視覚的な注意力に偏りがあることから、見ている視点がときどき、他の子と違うことに気がつく、という経験をしやすい傾向があります。そのため、視覚系脳番地

癒やしタイプの発達している脳番地

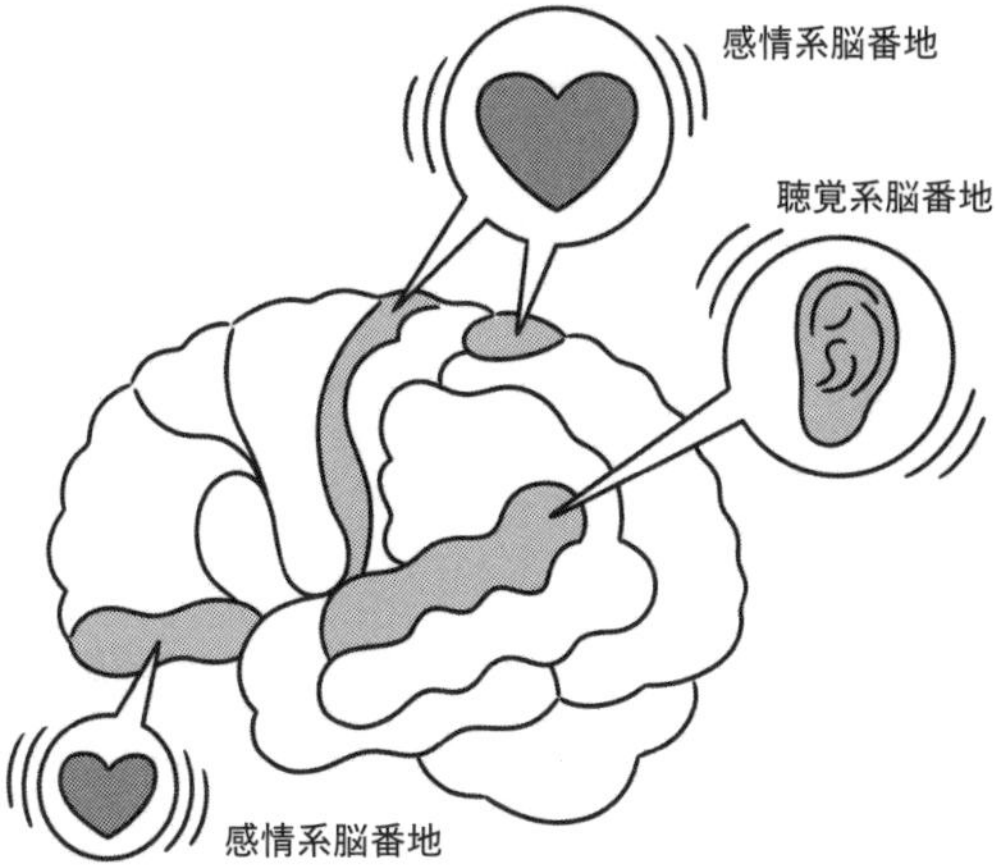

を鍛える習慣（終章で後述します）を持つことで、より才能が開花しやすくなるでしょう。

第5章

「バランスタイプ」の才能の伸ばし方

バランスタイプの取扱説明書

脳の変化の振れ幅がもっとも大きい

バランスタイプは、一言で言うと**「手のかからない子」**です。問題行動は特に見られず、コミュニケーション能力もあるうえに、たいていは勉強もできる。そのため、親は「育てやすい」、もっと言えば「うちの子は優秀」と感じることが多いでしょう。

ただし、今後、いろいろな外的刺激を受けながら、子どもは大きくなります。環境の変化は避けることができませんし、場合によっては受験などの挑戦もあります。人生でいろいろな経験をしていく過程で、今はバランスが取れている脳が、そのバランスを保ったまま均等に成長していくことはほとんどありません。

いろいろな外的刺激を受けながら成長する過程で、脳のバランスは、どこかが出っ

張ったらどこかが引っ込むというように、歪《いびつ》になっていくのが自然なのです。それが「脳の個性」を形成していくと言ってもいいでしょう。

その意味では、**バランスタイプは、今は能力のバランスが取れているだけに、8タイプ中、もっとも今後の変化の振れ幅が大きい**タイプと言えます。

たとえば、中学・高校までは、勉強でも人間関係でも何の問題もなかったのに、大人になってから突然、社交不安障害（人前で何かをするときなど、社会生活において極度な緊張状態に陥り、正常な判断や行動ができなくなること）が現れて働けなくなる。

小学・中学生までは何でもソツなくこなしていたのに、高校の後半から不注意の症状が目立つＡＤＤ（多動性・衝動性の少ない注意欠陥障害）の兆候が現れ、急に忘れ物が多くなるなど。特に、男の子よりも女の子に多い傾向があります。

こうした「急変」が起こる可能性もあるのが、このバランスタイプなのです。

どんな才能も開花しうる可能性の塊

もちろん、変化の振れ幅が大きいというのは、今後、どのような方向にも才能が開花しうるということでもあります。

ひょっとしたら、リーダータイプの方向に花開くかもしれないし、論理タイプの方向に花開くかもしれない、クリエイティブタイプの方向に花開くことだって考えられます。そんないろいろな可能性が眠っているので、「どの方向に行くだろうか」と親が観察することが重要です。

バランスタイプは、たしかに手がかからず、育てやすい。しかし、子どもが幸せに人生を歩んでいけるような変化を起こしていくには、その「育てやすさ」に安住せずに、バランスタイプの脳特性を理解し、どの方向にも伸びうる才能の芽を育てる実践をしていきましょう。

何でもソツなくこなすが、意思や感情が見えにくい

「バランスタイプは、「できないこと」がない、あるいは非常に少ない秀才タイプです。分別があるので、わがままを言ったり、問題を起こしたりしません。本人は自覚的でないことが多いですが、安定した記憶力という土台があります。コミュニケーシ

ョン能力があり、それなりに友達も多いはずです。

こうした特性を見る限り、特に何の問題もないように思えるかもしれませんが、この「一見、何の問題もない」というのが、実は、バランスタイプの課題でもあります。

勉強もスポーツもできる。分別があって、わがままを言わない。問題行動を起こさない。コミュニケーション能力もある。これは裏を返せば、「本人の意思や感情が見えにくい」ということなのです。

そのため、友達は多くても、「何を考えているのか、よくわからない」と思われている場合も多いでしょう。

前章で解説した癒やしタイプ（125ページ）も意思や感情が見えづらいのですが、癒やしタイプは、そもそも言語化が苦手です。つまり「言語化が苦手だから意思や感情が見えにくい」という課題は顕在化しており、周りの大人も、何かしらアプローチが必要な点と認識できます。

一方、バランスタイプは、それなりにコミュニケーション能力があるため、その「意思や感情の見えにくさ」が顕在化しにくいと言えます。

言葉のやり取りは比較的盛んなのですが、実は淡々としていて、自分の意思や感情はあまり見せません。他者の意思や感情にも無関心に見える場合は、潜在的なＡＳＤ（自閉スペクトラム症）である可能性もあります。

また、「何でもソツなくこなせる」という脳特性が、いずれ進路の迷いにつながることもあるかもしれません。

際立った得意分野があれば、それ1つに絞ればいいけれども、すべて平均以上となると1つに決められない。私が医学部にいた頃にも、そういう意味で意思の見えづらい秀才タイプはよく見かけました。

ペースを乱されることを嫌がる

バランスタイプは、自分のペースで淡々と物事を進めます。1日の時間割やルーティンをきちんと決めて取り組むという子も多いでしょう。こうして、バランスタイプは満遍なく勉強するし、親や先生に言われたことを遂行できるなど、何でもソツなくこなしているのです。

ですから、その最中にずかずかとパーソナルスペースに踏み込まれたり、あれこれと口を出されたりして自分のペースを乱されると、強いストレスを感じ、とたんに混乱してしまいます。

「クリエイティブタイプ」「エキスパートタイプ」と相性がいい

突出したところがないバランスタイプと相性がいいのは、逆に突出したところがあるタイプです。

クリエイティブタイプ（105ページ）やエキスパートタイプ（199ページ）と付き合うと、バランスタイプは、これらのタイプの「自分にはない出っ張り」に刺激を受けるでしょう。自分とはあまりにも違うために驚くことも多いかもしれませんが、その刺激によって、バランスタイプの脳の個性化が進む可能性があるのです。

問題を自覚できないため、相談ができない

何でもソツなくこなせるバランスタイプは、勉強でも人間関係でも困った事態に陥

ることが非常に少ないため、いざ何か問題が起こっても自覚しづらいところがあります。

「問題が起こっている」と自覚できれば、親などに相談することもできるでしょう。

ところがバランスタイプは、そもそも**問題意識そのものを持ちにくい。ゆえに誰かに相談するという選択肢も存在せず、自覚のないまま問題だけが大きくなっていく**という事態に陥る可能性もあるのです。

そのままだと、「相談することが苦手な人」に育ってしまうかもしれません。

社会に出れば、自分ひとりでは成し遂げられないことだらけです。仕事でもプライベートでも、「困ったときはお互い様」で、相談し、相談され、周りの人たちと支え合いながら生きていかなくてはいけません。それが「社会生活」というものであり、上手な人ほど、活躍できるのです。

つまり、「困ったときに相談できる」というのは重要な社会スキルであり、子ども時代に培《つちか》われないまま大きくなった場合、社会生活に支障をきたす可能性があるというわけです。

このような点でもバランスタイプは、やはり「一見、問題のない子」だからこそ注意が必要です。

何も問題なさそうに見えても放ったらかしにせず、**「何か困っていることはない？」「ひょっとして、こんなことにつまずいているんじゃないかな？」**など、**マメに声をかけてあげてください。**

親がそのように心がけることで、ようやくバランスタイプ自身が問題を自覚できれば、そこから相談、解決への道を一緒に見つけていけます。

いつでも「この子は問題がないように見えるけれども、何かに困っているかもしれない」という前提意識を保ち、絶えずアプローチする。自分からは相談してこない（できない）バランスタイプにとっては、それが大きな助けとなるでしょう。

「手がかからない子」だからこそ、要注意

バランスタイプの注意点は、言うなれば「目立ったマイナス点がないこと」です。

何でもソツなくこなす「手がかからない子」であるがゆえに、親をはじめ周りの大

人たちが油断しがちで、いざ問題が起こったときに見過ごされがちなのです。

大人の目は、どうしても目に見える問題のある子に向くものです。たとえば子どもが2人いて、片方が問題行動を起こしてばかりで、片方が何でもソツなくこなす子であった場合、周りの大人たちが特に気にかけるのは前者でしょう。

このように、**バランスタイプは周りの大人たちの「この子は大丈夫」という思い込みにより放っておかれやすい。**徐々にバランスが崩れ、人間関係で問題が起こったり、日常生活に支障が生じたりしても、最初のうちは誰にも気づいてもらえません。「本当は気にかけてもらいたいのに、周囲の関心はもっと問題のある子に注がれている」などと、人知れず寂しさや孤独感に苛《さいな》まれている可能性もあります。

先ほど、バランスタイプの注意点は、「目立ったマイナス点がないこと」といったのは、そういうわけです。**「今、問題がない」とは、「いつ、どのような問題が生じてくるかも未知数である」ということ。**そう心得て、決して油断も放置もせずに注視していきましょう。

バランスタイプを伸ばす言葉がけ

親の趣味に付き合わせ、「魅力」を説明する

8タイプの中でもっとも変化の振れ幅が大きいバランスタイプは、言ってみれば「才能の原石」なのです。

しかも、どのような才能の原石なのかは未知数ですから、今後、いかに才能が開花するのかは、どのような言葉をかけられ、どのような体験をするかにかかっていると言っていいでしょう。

すべてにおいて均整が取れているため、バランスタイプの多くは、まだ突出した「好き」の対象がありません。ですから、親はまずなるべく多様な体験をさせて、バランスタイプの「好き」の扉を次々とノックしていきましょう。

スポーツならどのようなスポーツが好きか。アートならどのようなアートが好きか。音楽ならどのような音楽が好きか。これらだけでなく、食べ物や飲み物であっても、**どのようなものが好きなのかという本人の「趣向性」を、まず見つけていこうと**

いうことです。

バランスタイプの子が何に興味を示すのか、特に最初は見えづらいので、親が行きたいアーティストのコンサートや展示、あるいは釣り、ゴルフ、スポーツ観戦などなど、親の趣味に付き合わせるといいでしょう。

優れたパフォーマンスや創作物に触れさせる際には、「この人はこういうところがすごいよね」などと、「親の見方」を言葉で補足してあげてください。すると、理解力の高いバランスタイプの脳に、より効果的に刺激を加えることができます。

そしてさまざまな体験をさせるうちに、本人が興味を示すものが出てきたら、その習い事をさせるなど集中して取り組ませてみてください。もともと理解力や習得力は高いほうですから、その方向の才能が一気に芽吹くことも十分考えられます。

何でもこなせるからこそ、親が意識的に介入して「好き」を見出し、才能の向かう先を見つける手伝いをすることが、バランスタイプには必要なのです。

以上のことを踏まえて、バランスタイプの子どもに声をかけるとしたら、どのようになるでしょうか。よい例、悪い例を見ていきましょう。

言葉がけのコツ

○

「今度、こういうところに行くから、一緒に行こう」

⇩その子の「好き」の芽を見つけるために、いろいろな体験をさせてあげましょう。

○

「もしかして、それ得意なんじゃない？」

⇩いろいろな経験をさせる中で、その子の「得意」の萌芽《ほうが》が見えたら、その自覚を促す言葉がけをしてあげましょう。

×

「それ普通にみんなできるよね」

⇩バランスタイプの子はあらゆる方向性で「得意」なことが現れる可能性を秘めています。何かを「できなかった」からといって、それを否定するのはその子の才能の芽を早期に摘んでしまう行為にほかなりません。

（手がかからないので放っておく）

バランスタイプを伸ばす習慣
家庭内でニュースを話題にし、公に関心を持たせる

先ほど、バランスタイプは問題意識を抱きづらいと述べました。それは自分自身に対してだけでなく、世の中全般に対しても同様です。しかし、社会生活を送るうえでは、一定の社会に対する問題意識が必要です。

自分が生きているこの世の中では、今、どのようなことが問題になっていて、何が必要なのか。それに対して自分にできることはあるのか。あるとしたら、何か。こうした視点がなければ、図らずも厭世《えんせい》主義者のようになりかねません。それほど大げさな話でなくとも、他者の意思や感情を慮《おもんぱか》ったり、他者の問題を我が事として捉えた

バランスタイプを伸ばす言葉

りするくらいの共感能力は、やはり必要でしょう。

放っておくと、こうした点が育ちにくいのもバランスタイプの脳特性なのです。

時事問題について親子で話す

では、どうしたらいいかというと、まず、**時事問題について家庭内で話す機会を意識的に設ける**といいでしょう。

これが日常的になると、「じゃあ、何が必要？」「自分に何ができる？」という視点が自ずと生まれるはずです。そうしたら、できる範囲で寄付をする、ボランティア活動に参加するなど、具体的なアクションに移します。

「実際に何か行動を起こしてみる」体験学習は、いわば子どもにとって最大の学びの機会です。

バランスタイプにとっては、寄付やボランティアという体験が、さらなる問題意識の深掘りや、また別の問題意識の発見につながるでしょう。家庭内で時事問題について話すことで、バランスタイプの脳内に「問題意識」という回路を形成するようなイメージです。

バランスタイプの発達している脳番地

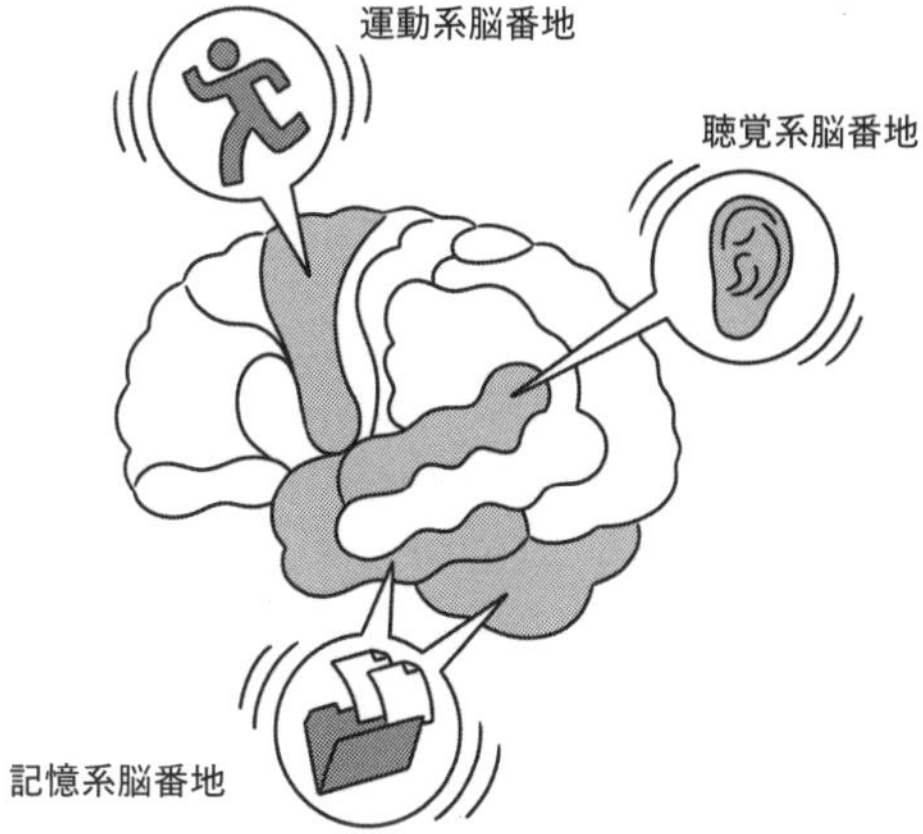

ポイント　バランスタイプの脳番地：運動系・聴覚系・記憶系

何でもソツなくこなすバランスタイプの脳特性は、**記憶系・運動系と聴覚系の脳番地の発達**によるものと言えます。安定した記憶力という土台のもと、よく聴き、よく動くことで、突出したところはないけれども、「何でもある程度できる」ようになっているのです。思考系を鍛えて、集中力をアップすることで、とがった部分が成長しやすくなります（終章参照）。

第6章

「フレンドリータイプ」の才能の伸ばし方

フレンドリータイプの取扱説明書

天性のポジティブ思考と協調性で友達が多い

フレンドリータイプの脳特性は、**非常に社交性が高い**ことです。持ち前のポジティブ思考と協調性を持ち合わせており、たくさん友達がいます。ひとりで何かに黙々と取り組むことより、みんなと一緒に楽しいことをすることを好みます。

他者への共感能力が高いことも、友達が多い理由でしょう。フレンドリータイプと一緒にいると、周りの人たちは「楽しい」「話をよく聞いてくれる」「気持ちをわかってくれる」と感じるのです。

また、**人のいいところに目を向け、基本的に、誰かを嫌いになるということがありません。**その背景には、特に子どものうちは、まだあまり独自の倫理観が確立されておらず、誰かの行動を不条理だと感じることが少ないというのもあるでしょう。

そんなフレンドリータイプは、人を巻き込むことも得意です。

たとえば、自身はそれほど勉強熱心でなくても、学校のテストの前には勉強ができる子に悪びれもせず「ノート貸して！」「ここ、わかんないから教えて！」などとお願いして、結果的に及第点以上を取ってしまう。

こうした**巻き込み力を社会に出てからも発揮すれば、自分の実力以上のことを成し遂げるでしょう。**社会人の「仕事力」とは「他者と力を合わせて物事を進めていく力」と言えます。自分ひとりの才覚ではなく、周りの人の力を上手に借りて成果を出すというのがフレンドリータイプの持ち前の能力であり、一番の処世術になっていくわけです。

とにかく「今、ここ」を楽しむ

フレンドリータイプの意識は広く世界に開かれており、**好奇心が旺盛**です。常に刺激を求めているフレンドリータイプにとっては、人と接することが何よりの刺激です。

ただし、その高い社交性と楽天性、好奇心のために、「今が楽しければ、それでいいい」という感覚が強く、興味を抱く対象の移り変わりも激しいため、**1つのことを計画的にじっくり進めたり、突き詰めたり、深く考えたりするのは苦手**な子が多いでしょう。

場合によっては、こうした性格はADHD（注意欠陥多動性障害）の脳特性の表れかもしれません。自閉性、すなわちASD（自閉性スペクトラム症）の特性が少なく、ADHD脳の特性が強い場合は、フレンドリーな性格が前面に出やすいと言えます。

1つのことに集中するのが苦手といっても、フレンドリータイプは社会で活躍できないわけでは決してありません。

リーダータイプや論理タイプが組織で活躍するというのはイメージしやすいと思いますが、これらのタイプばかり集まっても、うまくいかないというのも世の常です。

そこでものをいうのが、フレンドリータイプの脳特性です。人が好きで協調性も共感能力も高い。好奇心旺盛で活動的で楽しいことが大好き。そんなフレンドリータイプがいると、組織は自然と活性化し、ひいては大きな成果が生まれることも多いでしょう。

押しが強いのは、他者との距離感が近いから

フレンドリータイプは、ときに「押しが強い」「図々しい」といった印象を抱かれることがあります。

しかし、それも高い社交性ゆえのことです。フレンドリータイプは、他者との距離感が人よりも近く、自他の境界線も人より薄いため、まだそれほど親しくない相手であっても、悪気なくパーソナルスペースに踏み込んでしまいがちなのです。

ただ、フレンドリータイプがいないと場が盛り上がらないというのも、また事実です。フレンドリータイプがいるだけでその場がパッと明るくなり、みんなが楽しい気持ちになる。そんな不思議な力の持ち主と言えます。

「リーダータイプ」と相性がいい

とにかく社交的なフレンドリータイプですが、それは必ずしも人を率いる能力と同義ではありません。人を率いるには思考力も必要とされるため、むしろ**フレンドリータイプは、リーダーにはあまり向いていません。**

見方を変えれば、フレンドリータイプは、リーダータイプ（67ページ）と相性がいいとも言えます。フレンドリータイプは他者に対して寛容で、肯定的な雰囲気をまとっています。確固たる自分の考えを持ち、それを他者に対して言葉にして伝える能力が優れているリーダータイプと、自分の考えを否定せずに受け止める姿勢を持つフレンドリータイプとは、うまくいきやすいのです。

リーダータイプの傍らで高い社交性を発揮し、気づけばコミュニケーションが盛んで仲のいいチーム作りに貢献している。フレンドリータイプは、そんなよき仲間として、一緒に成果を追求していけるでしょう。

悪気はないのに、いつの間にか嫌われていることも

先にも述べたように、フレンドリータイプは他者との距離感が他の人より近く、自他の境界も他の人より薄めです。空気が読めるフレンドリータイプが多いのですが、空気が読めないフレンドリータイプは、あまり深く考えずに思ったことをすぐに口に出してしまうところがあります。

このように素直で裏表がないからこそ、たいていは誰とでもすぐに親しくなれる。その反面、相手によっては距離を置かれてしまう。それどころか、ときには陰で嫌われてしまうことがあります。

もちろんフレンドリータイプ自身に悪意はまったくありません。ただ、あまりにもカジュアルでフランクな特性に「馴れ馴れしい」「うざったい」「一方的」という印象を受ける人もいるのです。

つまり、周囲から誤解されやすいのです。

当のフレンドリータイプには、そのあたりの理由が皆目見当もつかず、なぜか気づいたら距離を置かれている。もしかしたら嫌われているかもしれない。そこで、わけもわからず「どうして?」と悩んでしまう。彼ら・彼女らも、このような状況に直面すると心の奥底では深く傷つくのです。

本人からは、あまり親に相談してこないかもしれません。そもそも当人が状況を理解できていないので、相談しようにもできないケースが多いとも言えます。

ただ、いつも楽天的で社交的なフレンドリータイプの子が落ち込んでいたり、よく一緒に遊んでいた子を見かけなくなったりしたら、周囲からあらぬ誤解を受けていたり、人間関係の悩みを抱えたりしているとみたほうがいいでしょう。

それとなく話題を振って、ポツリポツリとでも話してくれたら、そうなってしまった理由と善後策を一緒に考えてあげてください。

自分のことを考える時間が少ない

フレンドリータイプの子を見ていると、とにかく友達が多くて、いつも誰かと遊んでいます。その姿を見て、親はおそらく安心するでしょう。

しかし、**人には「人と関わる時間」と「自分ひとりで過ごす時間」の両方が必要**です。

友達が多いのはいいのですが、あまりにも社交的なために、自分ひとりで過ごす時間が少ないことは、実はフレンドリータイプの課題の1つなのです。

なぜ、自分ひとりで過ごす時間が重要かというと、その日の出来事や、それに対する自分の思考や感情を振り返ることで自己理解が深まるからです。自己理解は自己肯定感につながるため、子どもの健やかな成長には欠かせません。

思考や感情が単純

その日の出来事を振り返る時間は、自分だけでなく、一緒にいた人たちの考えや思考に思いを馳《は》せる時間にもなります。

フレンドリータイプは共感能力が高いほうではあるのですが、その実、思考や感情は直線的かつ単純な傾向があります。たとえば親が、フレンドリータイプの子どもに「今日、○○ちゃんと遊んだの？　どうだった？」などと聞いたとしましょう。子どもの側からは「楽しかった！」などといったシンプルな一言で感想が終わる、ということがよくあるのは、彼ら・彼女らの思考や感情が単純であることの表れと言えるでしょう。また、彼ら・彼女らは「楽しければ、それでいい」という傾向も強い。そのときの楽しさにかまけて、知らないうちに、自らの言動で人を傷つけているかもしれません。

自分ひとりで、その日の出来事を振り返る時間を持たずにいると、そういうところに気づけない可能性があるわけです。結果的に、先に述べたようにいつの間にか「陰で嫌われている」という事態にもなりかねません。

フレンドリータイプは常に意識が外に向いているため、ひとりの時間を自発的に設けることはないでしょう。そこは次項で述べるように、親の問いかけにより、振り返りを促してあげてください。

フレンドリータイプを伸ばす言葉がけ

「振り返り」を促す

好奇心旺盛で、思い立ったらすぐ行動。これはフレンドリータイプの持ち味ですが、人間、誰しもキャパシティには限界があります。**あまりにも活動的で外界からのインプットが多いと、体験するそばから忘れてしまい、何も身にならない**でしょう。

その可能性が高いフレンドリータイプには、自分を振り返る時間が必要です。

本人には自覚がなく、放っておけばエネルギーを外に発散するばかりですから、日々、自分を振り返るように親が導いてあげてください。それが、フレンドリータイプに欠けがちな自己理解や他者理解の解像度を上げることにもつながります。

相手の受け取り方の事例を丁寧に説明する

前述したように、フレンドリータイプは自分が意識していないところであらぬ誤解を受けやすいです。このような出来事を多く経験すると、フレンドリータイプの子は次第に、他者に対する恐怖感が増して、内向的になっていく。こうなると、本来のフレンドリータイプの良さがまったく発揮できなくなってしまいます。

こうした事態を未然に防ぐためには、やはり親の協力が不可欠です。**フレンドリータイプの子の考えと、その言葉を受け取った相手の理解にギャップが見られるときには、たとえそれが親の推測にすぎなくても、その都度我が子に対して丁寧に説明**してあげましょう。

その際には、「どちらが正しい」といった善悪の判断はせず、あくまで親自身の「仮説」として述べることが大事です。親の判断が、いつも正解とは限りません。

「自分は誤解を生みやすいんだ」と本人が自覚し、そのようになりやすい状況とはどのようなものであるかについて、フレンドリータイプの子ども自身の理解度を深めていくことが、成長につながります。

以上の点を踏まえ、フレンドリータイプの子どもへは、どのように声をかけるべきでしょうか。NG例も交えつつ、見ていきましょう。

言葉がけのコツ

○

「今日は、どんなことがあった？」

→その子の体験・経験を振り返らせる言葉がけを促しましょう。

○

「そんなことがあったんだ。そのときその子は、どう感じたかな？」

➡相手の気持ちを想像し、言語化させることで「他者理解」の解像度が上がります。

✕

「遊んでばっかりいないで、宿題をやりなさい！」

➡その子の社会性を遮断するような言葉がけをしてはいけません。

✕

「今日も出かけるの？ いい加減にしたら？」

➡活動が盛んなことはこのタイプの子どもの「強み」です。それに歯止めをかけるのは望ましくありません。

フレンドリータイプを伸ばす習慣

ひとりの「静かな時間」を作る

フレンドリータイプの社交性の裏側には、クリエイティビティなどの才能が眠って

フレンドリータイプを伸ばす言葉

いる可能性もあります。

ただし、**隠れた才能は、たいてい内省的にならないと見つからないもの**です。社交的に動き回っている時間が多すぎると、見逃してしまう。つまりフレンドリータイプには、ひとりで静かに過ごし、集中力を培う時間が必要なのです。

本人にはあまりその自覚がないので、**フレンドリータイプの子が静かに過ごせる環境を、親が意識的に作ってあげてください。**

好奇心旺盛なのはけっこうですが、意識が外にばかり向いていると、自分の隠れた才能に気づくことはできません。具体的には、書道や詰将棋など、ひとりで集中して取り組む活動を通じて、内省的な時間を持つよう導くといいでしょう。

ただし、これが行きすぎて、他者との交流を遮断するのはよくありません。フレンドリータイプにとっては、「社交的であること」がアイデンティティであり、みんなでワイワイ過ごすことが生きている実感の源だからです。

そこを否定され、他者との交流を遮断されたら、フレンドリータイプは強いストレスを感じ、もともと持っていた長所ごと失われかねません。

TPOに応じた言葉の使い方を教える

フレンドリータイプが、ときに「馴れ馴れしい」という印象を与えてしまうのは、他者との距離感という概念が薄いために、態度や言葉遣いが「敬意を欠く」と受け取られることがあるからでしょう。

「悪気はないのだから許されるべき」というのが通用するのは、せいぜい小学生くらいまでのことです。

いずれ必ず「社会のルール」に直面するわけですから、**TPO〈Time〈時〉・Place〈場所〉・Opportunity〈場合〉〉に応じた言葉遣いや振る舞い方は、早めに教えておく**に越したことはありません。まずは「学校や習い事の先生など年上の人には敬語を使う」といった簡単なことからでいいのです。

もともと社交的で人懐っこいフレンドリータイプが、礼儀作法を身につけたら、鬼に金棒に違いありません。「親しげだけど無礼じゃない」という絶妙な雰囲気を醸し出しつつ、持ち前の巻き込み力を、より効果的に発揮できるようになっていくでしょう。

ポイント　フレンドリータイプの脳番地：感情系・伝達系

フレンドリータイプは、あまり物事を深く探究したり考えたりしない分、楽天的で人付き合いが得意です。したがって、思考系、理解系の発達度合いよりも**感情系と伝達系の脳番地が発達**していると言えます。

ストレートな性格により意図せず人を傷つけてしまうことはあるとはいえ、基本的には他者への共感力が強く、自身の感情表現も豊か。誰とでもすぐに打ち解けてしまうの

フレンドリータイプの発達している脳番地

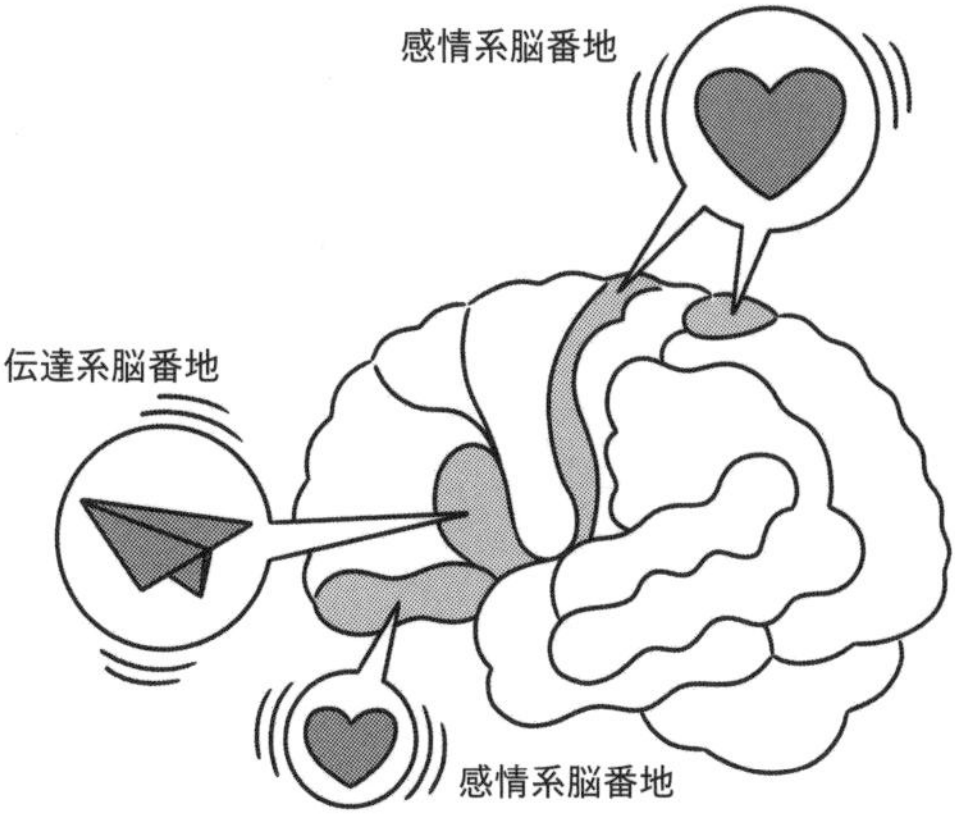

は、言葉でのコミュニケーションが得意な「話し好き」だからなのです。

しかし、他者と信頼関係を構築するためには相手の話をじっくり聞くこと、しっかりと相手のことを理解することが必要です。本書の終章で紹介する「理解系脳番地」を鍛えるトレーニングを実践することで、本当の友達ができるでしょう。

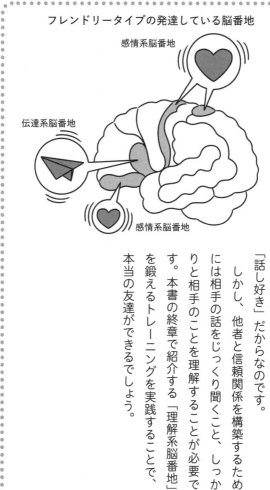

第7章

「多動タイプ」の才能の伸ばし方

多動タイプの取扱説明書

経験値が溜まりやすく、物事を極めやすい

その名の通り、多動タイプは「絶えず動いている」というくらい活動的です。計画を立てて動くというよりは、「思い立ったらすぐ行動」「考えるより先に、実際にやってみる」「興味を持ったら、実際に行ってみる」というタイプです。

そんな多動タイプは、**ずば抜けた行動力によって、どのような方向にも才能が伸びる可能性を秘めています。**人よりも多く行動するということは、人よりも多く経験を重ねてゆけるということでもあります。理屈をこねたり、人を動かしたりするよりも、まず自分が動きたいタイプなので、経験値が溜まりやすいわけです。

いつも落ち着きがない多動タイプを見ていて、心配になる親もいるでしょう。

しかし、**落ち着きがないのは、言い換えれば活動的、好奇心が旺盛で、常に意識が**

世界に開かれているということです。外界からのインプットが多い分、認知能力が強化されやすく、突出した専門能力や、画期的なことを思いつく先見性を身につけやすいのです。

実際、一世を風靡《ふうび》したイノベーティブな起業家などを見ていると、脳画像診断をするまでもなく、「この人は多動タイプだろうな」とよく思います。

多動タイプの子が、ありのままの自分の脳で精一杯表現している多動性を削ぐことなく、その持ち前の才能を健やかに伸ばすことができれば、やがて大きな成功を収めていくことも十分考えられるのです。

「集中型多動タイプ」と「分散型多動タイプ」がある

多動タイプの多動性は、大きく2つのタイプに分けることができます。

1つは、自分が意欲的に取り組んでいるある特定のことに対して、次々と行動を起こすタイプ、もう1つは、興味の対象が次々と移り変わる、いわゆる「熱しやすくさめやすい」タイプです。

本書では前者を「**集中型多動タイプ**」、後者を「**分散型多動タイプ**」と呼ぶことにします。

集中型多動タイプの場合は行動の焦点が定まっています。自分が「これ」と思い定めた分野についての経験値がどんどん積み重なるため、めきめきと実力をつけ、その分野で大きな成功を収めやすいと言えます。

ただし、集中型といえども、好奇心旺盛で活動的な点は変わりません。自分が目指している目標に向かって一直線に行動を起こしていくには、親の言葉がけなどに少し工夫が必要です。このあたりは、189ページで詳述します。

一方、分散型多動タイプは行動の向かう先がバラバラになりがちです。

基本的に目標設定はなく、ただ、そのときそのときに興味のあることに行動力を発揮していく。したがって、分散型多動タイプが身につけるのは広く浅い知識や能力であり、ともすれば「熱しやすくさめやすい」ために、いろいろなことをやってみるものの、すべてが中途半端になりかねません。

以上のことからもわかるように、同じ多動タイプでも、集中型と分散型とでは「行動力のアウトプット先」と「目標の有無」に違いがあり、それにより今後の人生が大きく異なっていくと言っていいでしょう。

配慮がないように見えるのは、関心事に集中しているから

意識のほとんどが自分の興味関心に集中し、「次は何をするか」「どう動くか」に向いているため、多動タイプには、あまり周囲の状況や人の感情を気にする余裕がありません。

　周りを慮るには、いったん立ち止まって考えたり感じたり、人の話にじっくり耳を傾けたりする必要がありますが、まるで回遊魚のように動き回らずにいられない多動タイプは、立ち止まることができないわけです。

　この特性を持つ子どもは、診断の有無にかかわらずＡＤＨＤ脳の特性を備えています。中には小学校低学年までは多動であっても、小学校４年生頃までには、多動が目立たなくなる子どもも多くいます。しかし、多動でなくなったからといって、人の気持ちがわかるようになっているわけではありません。

このように、**以前は多動だったけれど、ある時期を境に多動さが表出しなくなった子どもにも、実は多動性が内在していると考えたほうがよい**でしょう。

「論理タイプ」「リーダータイプ」と相性がいい

活動的な多動タイプは、リーダータイプ（67ページ）、論理タイプ（85ページ）と相性がいいでしょう。

相性には「正反対だからうまくいく場合」もあれば、「似たところがあるからうまくいく場合」もありますが、多動タイプとリーダータイプ、あるいは多動タイプと論理タイプの相性は後者です。

リーダータイプは強い思いに従って体系的に行動するタイプです。多動タイプは体系的ではありませんが、活発な性質は、リーダータイプの行動力と相通じるものがあり、似たようなスタンスの持ち主として仲良くできるでしょう。

また、**多動タイプは「言葉」においても活発です。つまり、お喋《しゃべ》りなのです。**あまり理屈っぽくないところは論理タイプと違いますが、論理タイプが筋道を立てて話しているところに多動タイプが口を挟んだときに、もし話が合えば、意気投合するでしょう。

計画を立てて物事を進めることが苦手

多動タイプは活動的ですが、時間にはほとんど頓着しません。

つまり、計画を立てたり、時間を守ったりすることが非常に苦手なのです。そのままでは社会生活に支障をきたしてしまうので、この弱点は、なるべく早期に克服したほうがいいでしょう。

最初は親が手伝ってあげてください。朝のルーティンや夜のルーティンを決める、夏休みの宿題の計画を立てるなどが効果的でしょう。

子どもは嫌がるかもしれませんが、まず計画を立てることや時間を守ることの重要性を伝えてください。そして、ルーティンや計画を一方的に押し付けるのではなく、相談しながら決めれば、その気にさせることができるはずです。

行動を抑制されると「隠れ多動タイプ」になる

多動タイプはまさしく「多動」なのですが、実は「隠れ多動」の子もいます。

一例を挙げると、行列に並んで待つことができない、長時間にわたり人の話を聞けない、といった落ち着きのなさは、紛れもなく多動タイプの兆候と言えます。多動性が表にはっきりと現れているタイプです。

一方、**「隠れ多動」とは、多動性を抑制されてきたために、ある程度落ち着いているように見えるけれども、潜在的に多動的である**というケースです。

たとえば、小学校受験や中学校受験で、「勉強しなさい」と言われ続けた子などが該当する可能性があります。こうしたケースでは、早期に多動性が隠れてしまっているため、親をはじめ周囲は「多動タイプ」と気づきづらいのです。

しかし、その子の多動性は消えたのではなく、育つ過程でその子が置かれた環境や、周囲の大人の関わり方によって抑制されたために隠れているだけです。

そして抑制されている状態は、いずれ鬱などネガティブな精神状態に発展する可能性があります。「そういえば以前は少し落ち着きがなかったかもしれない」と思い当たるのであれば、今からでも多動性を表現できるようにしたほうがいいでしょう。

多動タイプにとって一番ストレスになるのは、動き回れないことです。

それは隠れ多動であっても同じですから、**なるべく外に連れ出し、運動量を増やしてあげてください。**それが、隠れていた多動性がまた表に現れ、多動タイプの才能が開花するきっかけとなるかもしれません。

隠れ多動タイプの子は積極的に体を動かして、多動でなくなったことで失われた運動量を補うことが大切です。

多動タイプを伸ばす言葉がけ

「行動の制限」ではなく「選択の制限」をする

多動タイプの子は、行動を制限されることに非常に強いストレスを感じます。

ですから、何かに向かって動こうとしている、まさにそのときに、その行動を制限するようなことを言われたら、強い怒りを感じるでしょう。そうなると親に反発するだけになってしまうので、言葉がけには注意が必要です。

「行動を制限する」のではなく、「選択を制限する」と考えるといいでしょう。

ここに、野球に打ち込んでいる多動タイプの子がいるとします。ベンチを脱してスタメン入りするためには、たくさん練習をしなくてはいけません。ところが、このように明確な目的がある多動タイプであっても、まったく別のことに意識が向いて行動しがちです。あまりにも活動的なために、目標に照準を合わせ、自分の取るべき行動を整理し続けることが、なかなかできません。

一瞬の集中力はあるのですが、中長期の計画に集中するのが苦手で、少しでも時間的余裕があると、すぐに興味が分散してしまう。それが多動タイプというものなのです。

そこで重要なのが、親の言葉がけです。

たとえば、釣りに行こうとしている子どもに「ところで、宿題はやったの？　それに野球の練習はどうするの？」などと言うのは逆効果です。

これは、子どもが釣りに行こうとしているのを、ただ止めようとしている。つまり

「行動の制限」と言えるため、「今は釣りに行きたいのに！」という反発心に火をつけてしまうだけでしょう。

そうではなく、「君は今、脱・ベンチ組、スタメン入りを目指してるよね？　じゃあ、今は練習したほうがいいんじゃない？」という言葉がけならば、子どもは「たしかに。じゃあ練習しようかな」と思い直す可能性が高くなります。

同じように見えるかもしれませんが、後者の言葉がけは「行動の制限」ではありません。

釣りに行こうとしている子どもに、「今は釣り？　それとも練習？　スタメン入りしたいなら、練習じゃない？」と問いかけている。つまり、今は「釣り」という行動ではなく「練習」という行動を取るべしという「選択の制限」をしているわけです。

行動の「理由」を説明させる

好奇心旺盛な多動タイプは、急に「これ、やってみたい！」と言い出す傾向があります。多動タイプの子は、**好奇心だけで動くのではなく、環境に影響されて動きやす**

いことも特徴と言えるでしょう。

ですから、その行動が、環境や周囲の人たちの影響によるものなのか、あるいは純粋に本人の好奇心から生まれたものなのかを考える時間を確保してあげることです。

このように、やりたいことはやらせてあげるのが、多動タイプにとっては一番ではあるものの、親が接するうえでは少し注意が必要です。

多動タイプは好奇心と活動力が旺盛なあまり、ともすれば、そんな自分にその子自身が振り回されてしまい、もっと優先順位の高いことや重要なことを忘れてしまったり、本人が無意識のうちにないがしろにしてしまったりする傾向もあるからです。

何かを熱望しているときの多動タイプは、言ってみれば、脳がバチバチとスパークしている状態ですが、行動（意欲）には、必ず理由があります。その自己理解を促したうえで体験させたほうが、インプットの質も経験の質も高まるはずなのです。

そのため、多動タイプの子どもが「やってみたい！」と何かを熱望したときには、いったん落ち着かせるために「なぜ、やってみたいのか」を問いかけ、子どもに考えさせる時間を意識的に設けてあげてください。

すると自ずと、理由の濃淡が見えてくるでしょう。そうしたら、より「濃い理由」があるほうを親が選び、「じゃあ、今はあっちじゃなくて、こっちをやってみようか？」と導いてください。

これも「行動の制限」ではなく「選択の制限」と言えます。

好奇心が旺盛で、「やってみたいこと」がたくさんあるのはいいのですが、時間的にも脳のキャパシティ的にも、そのときどきで「できること」は限られています。

にもかかわらず、多動タイプは、ほぼ同時に複数（しかも多数）のことに興味が向きやすく、1つのことにあまり集中できない。だからこそ、「やりたいことを全部やる」のではなく、「本当にやりたいことを絞り込む」よう、親が促してあげることも必要なのです。

以上の事柄を念頭に置いたうえで、多動タイプの子どもにはどのように言葉をかけたらいいでしょうか？ よい例、悪い例をご紹介しましょう。

言葉がけのコツ

○

「○○と△△と××をやってみたいの？　どうして？」

⇩行動したい理由の説明を促して、「やってみたいこと」の濃淡を明確化したうえで、「本当にやりたいこと」に取り組めるようにしてあげましょう。

○

「××に興味があるんだね。じゃあ、そのために、今はこれをやってみたら？」

⇩その子の興味のあることに関連する「選択を制限する」言葉がけを心がけましょう。

×

「ところで勉強はちゃんとやってるの？」

⇩子どもの興味関心とは別のことに関して促す言葉がけをすると「行動の

制限」となり、窮屈に感じられるでしょう。

「ちょっと待って！　先にこっちを済ませちゃいなさい」

その子が「やりたいこと」と別の行動を強制することはＮＧです。

「これがやってみたいんだね。じゃあ、こんなことが面白いかもね」などという形で、その子が「やりたいこと」をするためによりよいやり方を提案する伝え方を心がけるといいでしょう。

多動タイプを伸ばす習慣

「成功するために多動になっている」と理解する

多動タイプは好奇心旺盛で活動的。「落ち着きがない」と捉えると心配かもしれませんが、すでに述べたように、非常に大きな可能性を秘めています。まずは、**その多動性を問題視するのではなく、「成功するために多動なんだ」と理解する**ことが、重要で

多動タイプを伸ばす言葉

××に興味があるんだね。じゃあ、そのために、今はこれをやってみたら？
興味
興味
興味

す。

その理解が前提としてあれば、無闇に多動タイプを押さえつけたりすることはないでしょう。そして、活発に動き回る多動タイプの子どもを温かい目で見守り、優しく接してあげること。実はこれも、多動タイプの才能を伸ばすためには重要なポイントです。

常に動き回っていることが、「生きている実感」の源なのですが、それだけに、いつも心が落ち着かず不安が生まれやすい一面を持ち合わせているものです。

あまり感情表現が豊かではないので、傍目には、その子の本当の気持ちがわからないかもしれません。でも、その内側では、親から得られる安心を求めている子が多いでしょう。**多動タイプは特に、明確な愛情表現が必要なタイプ**なのです。

安心は才能が伸びる条件の1つです。落ち着きがないことを決して頭ごなしに叱ったりせず、できるだけ優しく接してあげることが、多動タイプの子の将来性に大きく寄与すると言っていいでしょう。

経験を振り返る習慣を持たせる

常に外に意識が向いている多動タイプは、あまり内省的ではありません。しかし、大量に行動したことによる豊かなインプットと経験を自らの血肉とするには、「体験を振り返る時間」が不可欠です。

親との会話や日記などで体験を振り返る時間を持たせることで、多動タイプの可能性は2倍、3倍にも高まるでしょう。

多動タイプの発達している脳番地

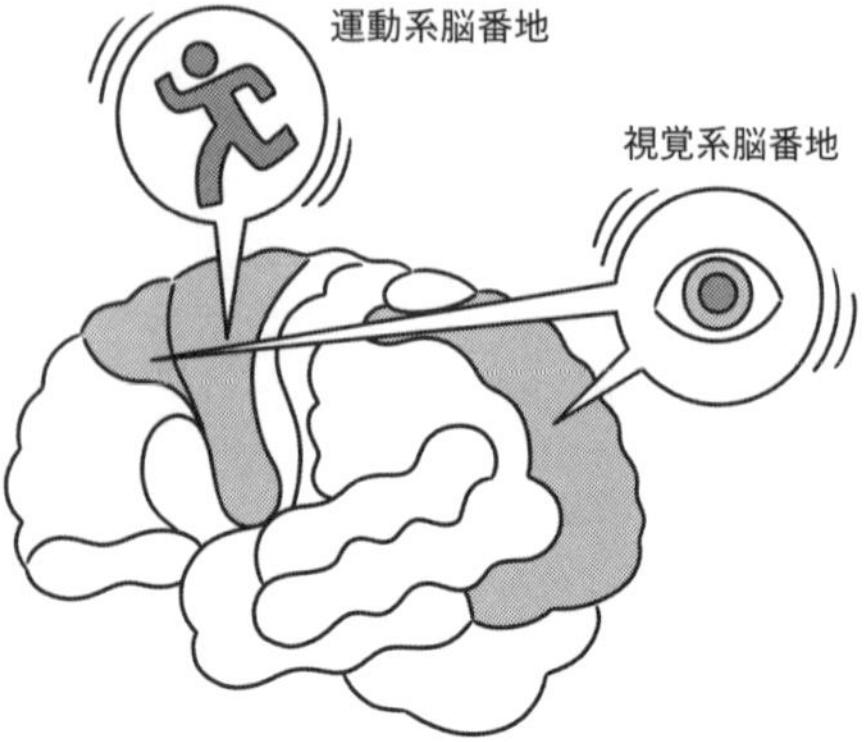

ポイント **多動タイプの脳番地：運動系・視覚系**

多動タイプは、見たものに好奇心を奪われやすく、「とにかく行動」の人ですから、**8タイプの中でもひときわ運動系脳番地が発達**しています。

つまり、経験しないと理解するのが難しい。ときどき、人の話を聞いていないように見える、というのがこのタイプの特徴と言えます。終章で紹介する「聴覚系脳番地」を鍛えるトレーニングを通じて「傾聴力」を身につければ、コミュニケーションが円滑になり、良好な人間関係を構築することができるようになるでしょう。

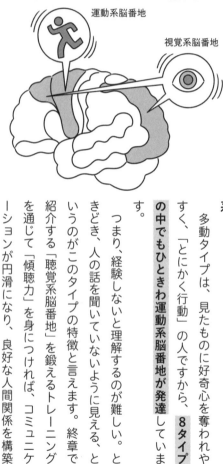

第8章

「エキスパートタイプ」の才能の伸ばし方

エキスパートタイプの取扱説明書

特定のことに対する好奇心が強い

エキスパートタイプは、本書で取り上げた**8タイプ中でもっとも好奇心が強いと言えますが、その対象がきわめて特定されている点が最大の特徴**です。

たとえば「電車」に興味があるとしたら、「なぜ好きなのか」といった動機なしで、ものすごい意欲と集中力で知識情報を収集し、あっという間に、誰にも負けないくらい詳しくなってしまいます。

特定のことに強い関心を寄せるという特性が、それ以外のことにはきわめて関心が低い、あまり上手に人と会話できない、周囲に配慮することができない、といった特性を伴って強く表れている場合は、ギフテッド（ＩＱ１３０以上の知能群）やアスペルガー症候群と診断される場合もあるかもしれません。

得手・不得手の凸凹が大きい

　エキスパートタイプは、高い知能を示す場合であっても、いろいろな物事に対する得手・不得手の凸凹が激しく、何かを見聞きする能力に偏りが強かったりするケースが少なくありません。場合によっては、ＬＤ（学習障害）と診断されることもあるでしょう。

　ＬＤには、複数の脳機能において認知や課題のレベルが上がりづらい「広範型ＬＤ」と、１つの特定分野だけ能力レベルが上がりづらい「限定型ＬＤ」に分けられるのですが、エキスパートタイプは後者に当たります。

　脳というのは、どこかが凹めば、どこかが出っ張るものであるということは序章でも説明しました。

　特定分野において人並み外れて知識レベルが上がりづらいというのは、つまり別の特定分野においては、人並み外れて知識レベルが上がりやすいということです。それがまさにエキスパートタイプの脳特性の究極と言っていいでしょう。

　たとえば、ひらがなの読み書きすら覚束《おぼつか》ないくらい国語が苦手な子が、算数はきわめて得意で、数学年先の学習内容をも容易に理解できる、といったケースです。

もっと極端になると、簡単な文章の音読ができない、内容も理解できないのに、言葉の意味を理解したとたん、あふれるように言葉を紡《つむ》いで物語を創作できるといったケースもあります。

すべての脳には何かしら得意・不得意の凸凹があるものですが、エキスパートタイプは、特に、その凸凹の差が激しいタイプと言っていいでしょう。

際立って「できないこと」がある

エキスパートタイプといっても、現時点で特定分野に秀でているとは限りません。

すでに「人よりできることがある」というエキスパートタイプもいれば、今のところは「片付けができない」「人とうまく話せない」「勉強が得意じゃない」などなど、「人よりできないことがある（多い）」というエキスパートタイプもいるということです。

59ページの脳特性診断テストの結果は「エキスパートタイプ」だったけれども、特に得意分野があるわけではないという場合、親としてはがっかりするか、「うちの子はどのタイプにも当てはまらない」と不安になるかもしれません。

それでも、れっきとしたエキスパートタイプである可能性があるわけです。ただ現時点では、まだ際立って秀でている特定分野がないだけで、いつ、いかなる方向性でエキスパートタイプの脳特性が開花するかわかりません。

ですから、どうか「うちの子は、他の子が普通にできることが全然できない」などと落胆せずに、本章で紹介するエキスパートタイプの才能の伸ばし方を参考に、お子さんと向き合っていってください。

「バランスタイプ」と相性がいい

エキスパートタイプは、とにかく日常生活面でも「できないこと」が多いために、自己肯定感を削られがちです。

リーダータイプや論理タイプのように意思がはっきりしていて、いかにも「できる」イメージが強いタイプと一緒にいると（これらのタイプにも弱点があるとはいえ）、エキスパートタイプはストレスを感じ、劣等感を増幅させる可能性があります。

そう考えると、一番相性がいいのはバランスタイプ（145ページ）です。何でもソツなくこなすけれども強い主張はないバランスタイプならば、特定分野に突出した能力を発揮するエキスパートタイプを素直に「すごいな」と認めてくれるでしょう。

日常生活で困りごとが多い

特定分野については人並み外れた理解力や記憶力を発揮するのに（前述の通り、現時点で、そうではない場合もありますが）、その他のいろいろなことができない。日常生活での困りごとが多い。エキスパートタイプの悩みは、これに尽きます。

いわゆる大多数の「普通の子たち」が「普通にできること」に、いちいちつまずいてしまうのです。親が心配になるのも無理はありませんし、「できないこと」ばかりを指摘されたら本人は劣等感に苛まれ、自己肯定感が削られてしまうでしょう。

すると、せっかくの「秀でている部分」まで削られてしまう可能性が高くなります。

したがって、**「できないことは、とりあえず不問にする」というのが、エキスパート**

タイプの子の悩みに対する一番の策です。

そして絶対に他の子と比べたりせずに、すでに芽吹いている才能、あるいは、ひょっとしたらもうすぐ芽吹くかもしれない才能を信じ、目の前にいる子どもだけに意識を向けていきましょう。

学校教育に馴染まず、「突出した能力」が見えにくい

エキスパートタイプで、学校教育を順当にこなせる子は少ないでしょう。

すべての科目の知識や技能を平均的に身につけさせるのが学校教育ですから、特定の科目できわめて突出している分、特定の科目できわめて劣っていることが多いエキスパートタイプは問題児扱いされがちなのです。

たとえば、学校の国語の授業では、まずひらがなを学び、ひらがなだけで書かれた教科書の文章を音読するのが一般的です。

そのような中、文字を書き写すことと音読が苦手な子は、まずここでつまずいてしまって、早々に「劣等生」のレッテルを貼られることになるでしょう。

しかし、もしかしたら、その子には「ひらがなを見たまま書き取ること」「意味の理解よりも先に文章を音読すること」をはるかに飛び越えた、素晴らしい能力があるかもしれません。

無理に学校教育に馴染ませようとすると、学校教育の枠に収まらない能力に気づけなくなってしまいます。実際、学校とは往々にして、「すべての生徒に同じプロセスで同じことを学ばせる」場と言えます。すると、とりわけ興味と得意の分野が限られているエキスパートタイプにとって、劣等感ばかり植え付けてくる地獄となることが多いのです。

エキスパートタイプを伸ばす言葉がけ

「過保護」くらいがちょうどいい

親は皆、我が子を守りたいと思う本能を持ち合わせています。その本能が弱いほうがいいということはありません。

特に、できないことが多い子、困りごとが多い子には、すべて親が寄り添って一緒に半分以上やってあげるという姿勢が重要です。つまり、**エキスパートタイプの子に対して、親の過保護は「過保護」ではなく「適切」**なのです。思春期を過ぎ、20歳を越えても、親が引き続き寄り添って過保護であるべきだと私は考えます。

そもそも、親が過保護でなくてうまくいったケースは、成育環境と子どもの特性が偶然一致していたにすぎません。ほとんど場合には、ミスマッチを起こしやすいのです。

「毒親＝過保護な親」と主張する教育者の方も散見されますが、私は、どのような場面で親が「過保護」になっているか、そして、どのようにして「過保護」をしているのかによると考えています。

我が子をどのように保護すべきかを決めるのはほかでもない親自身です。他人が「過保護は悪だ」などと言ったとしても、ネグレクトよりははるかにましなのです。

不得意なことは、無視していい

エキスパートタイプの子には、「できないこと」を指摘するのは何の意味もないどころか、逆効果です。「できないこと」をできるようにしようと努めても、劣等感を植え付け、エキスパートタイプの才能の源泉が枯渇してしまうでしょう。

エキスパートタイプは、興味があることに関しては、いくらでも努力できます。そして実際に努力をすることが、エキスパートタイプの脳を輝かせます。

ですから**親としては、「できないこと」を指摘し、「できる」ように導こうとするのではなく、特定分野での努力を応援し、サポートする。周りが何と言おうと「できないこと」は無視してもいい**と言っても過言ではありません。親が寄り添う姿勢を見せて、徹底したサポートをすることが、自己肯定感を下げずに、本人の自尊心を守ることにもつながります。

親がそういうスタンスで子どもと接することで、エキスパートタイプの才能は開花するでしょう。

ではここから、エキスパートタイプの子への親の言葉がけのよい例、悪い例を見ていきましょう。

言葉がけのコツ

〇

「〇〇についてこんなに知ってるなんてすごいね！」

特定の分野に関する傑出した知識を持つのが、エキスパートタイプです。人にはないこの強みを認め、評価してあげることが大切です。

〇

「手伝ってあげるから一緒にやろうね」

エキスパートタイプの子どもが何かに取り組もうとする際には、必ず親が付き添って手伝う姿勢を見せましょう。

×

「なんでこんなこともできないの？」

「できないこと」が多いことに目くじらを立てて、あげつらうような言葉がけをしてはいけません。

×

「自分でやりなさい」

「ひとりではできないこと」が多くなりがちなのがエキスパートタイプの特徴でもあります。よかれと思って我が子の自主性を重んじた結果、かえって子どもに劣等感を植え付けてしまうことになりかねません。

エキスパートタイプを伸ばす習慣

学校教育の勉強にこだわらない

エキスパートタイプは「みんなと同じようにできないこと」が多いので、親も教師も、その点にばかり意識が向いてしまうでしょう。

しかし、**「できないことが多い」のは、裏を返せば、特定の「できること」の出っ張**

エキスパートタイプを伸ばす言葉

り具合が並大抵ではないということです。

ですから、たくさんの「できないこと」に目を向けるのではなく、それに埋もれがちな「できること」に目を向けることが、エキスパートタイプの自己肯定感を削ることなく、才能を健やかに伸ばしていくには一番重要です。

その意味では、「ひらがな→音読」といった通常の学習順序も、エキスパートタイプに限っては、ある程度、無視していいでしょう。

学校教育にとらわれず、その子が能力を発揮できる分野を見つけることに意識を向けてください。最初は我が子のことがわからなくて当惑し、不安を覚えるかもしれませんが、わかる時期は必ず訪れます。

興味の範疇外の経験を増やす

エキスパートタイプは特定分野に対する興味があまりにも強いため、他者の感情にまでなかなか注意を向けられません。それだけでなく、自分が興味のある分野については「誰も自分の右に出る者はいない」という自信があるため、ときには偉そうに見えることがあります。

ゆくゆくは社会に出ることを考えれば、これは早期に克服しておくことが望ましい点と言えるでしょう。

興味のある分野のことだけ考えていられたら幸せで、それ以外のことにはほとんど関心を示さないエキスパートタイプですが、そこは**親が意識的に外の世界に連れ出し、いろいろな人と交流させるといい**でしょう。

そうすることで、ほんの少しでもフレンドリータイプのような脳特性を付与することができたら、「特定分野の知識情報量はすごいのに、社会性に欠ける……」というエキスパートタイプの心配なところがだいぶ薄れるはずです。

社会性と創造性を意識する

興味の対象が特定分野に一点集中しているエキスパートタイプは、うまくいけば社会で成功できるし、うまくいかなければ社会で成功できない、という差が本書で取り上げている8タイプの中でもっともはっきり現れやすいタイプと言っていいでしょう。

その分かれ目は何かというと、1つは**「社会性」**というのは想像がつくと思います。何かについて飛び抜けて詳しくても、その知識の質・量をもって社会とつながる能力がなくては、よい形で発揮される機会が乏しくなってしまうでしょう。

そしてもう1つ、実は**「創造性」の有無**も関係しています。

というのも、ただ知識情報が豊富なだけでは、社会に何かしらの価値を提供することはできないからです。獲得した膨大な知識情報を自分なりに編集してこそ価値になる。それには創造性が欠かせないというわけです。

したがって、エキスパートタイプの子どもについて意識していただきたいのは、将来の仕事も見据えつつ、**「どうやってこの子と社会の距離を縮めるか」「この子のきわめて限定的な興味を、どうしたら社会に提供できる価値に昇華できるか」**です。

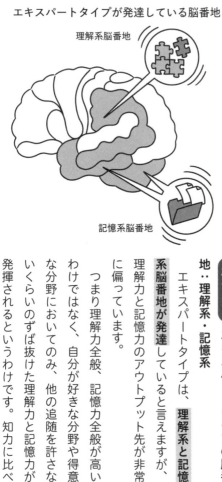

エキスパートタイプが発達している脳番地

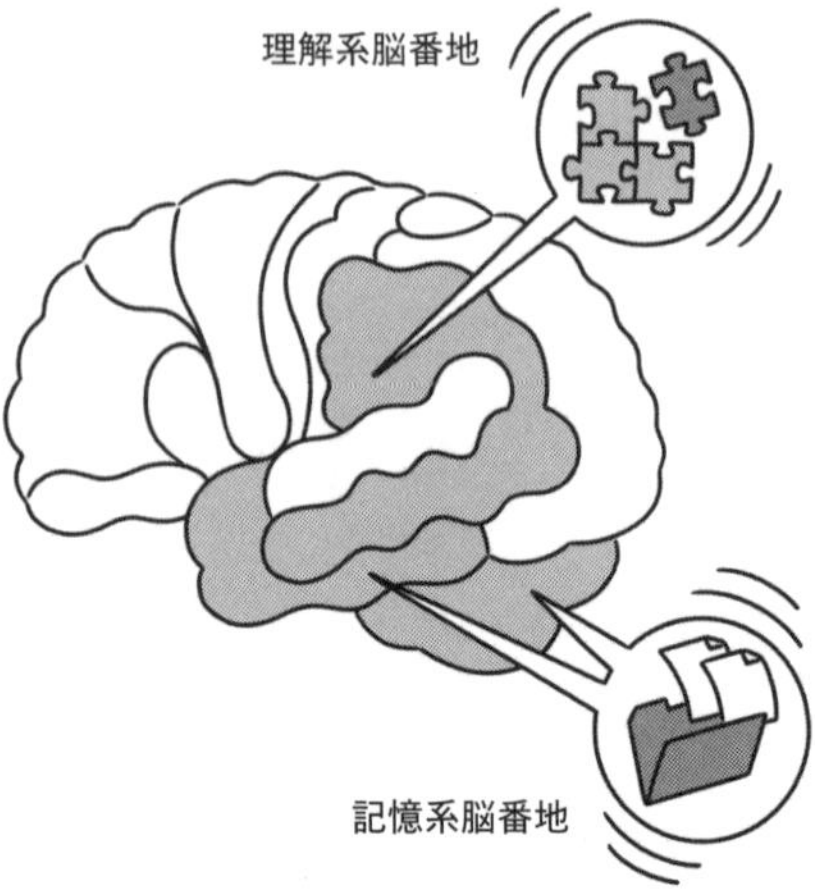

ポイント　エキスパートタイプの脳番地：理解系・記憶系

エキスパートタイプは、**理解系と記憶系脳番地が発達**していると言えますが、理解力と記憶力のアウトプット先が非常に偏っています。

つまり理解力全般、記憶力全般が高いわけではなく、自分が好きな分野や得意な分野においてのみ、他の追随を許さないくらいのずば抜けた理解力と記憶力が発揮されるというわけです。知力に比べて、運動能力が弱いケースが多いので、家にばかり籠もらないよう、ウォーキングを習慣化するなどして活動量を増やし、「運動系脳番地」を鍛えるよう努めることが大切です。

終　章

8タイプの「弱み」の脳番地トレーニング

脳の発達具合は固定的ではなく、今の脳で将来が決まるわけでもありません。

変化することこそ脳の個性であり、誰でも自分の意思でもって変えることができる。それには、まず「こうなりたい」「こうなろう」という指向性を脳に与えること。そうして初めて、狙った脳番地のトレーニングが効いてくるというのは、序章でお話しした通りです。

特定の脳番地を鍛える、ちょっとした習慣を取り入れることで、「現在のタイプの脳特性をさらに伸ばす」ことも、「現在のタイプの脳特性を、なりたいタイプの脳特性に寄せていく」こともできます。

第1章から第8章までは、8つのタイプごとに「強み」を中心に解説してきました。各タイプが持つ強みを理解することにより、自分や他者の能力をより深く把握できるようになることを主眼に置いてきました。

そのうえで終章では、「どのような脳になりたいのか」「どのような特性を伸ばしたいのか」という指向性を持っているという前提のもと、それぞれの脳番地を効果的に鍛える方法を紹介していきます。

8タイプ別「弱み」になりやすい脳番地

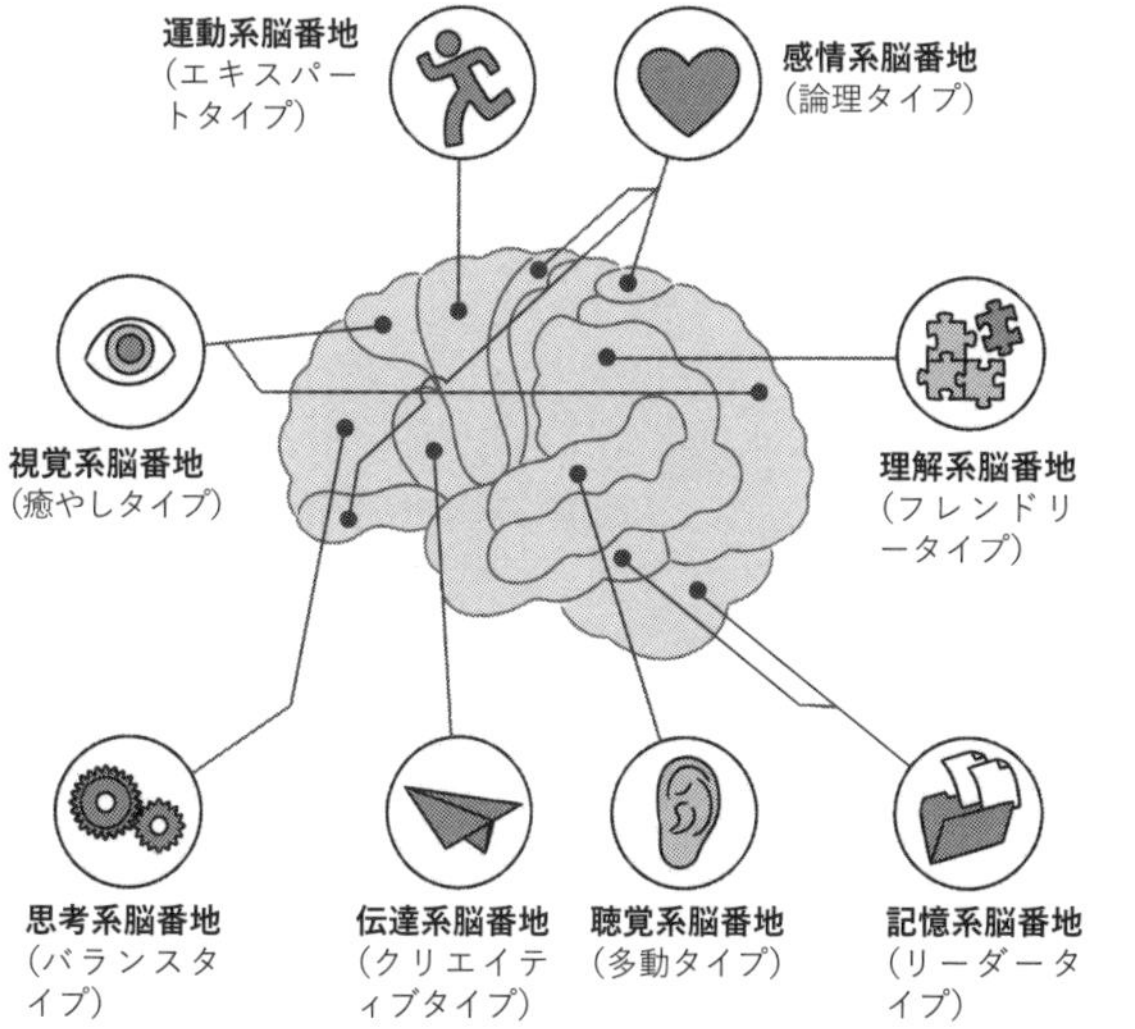

各タイプの強みを最大限に引き出すためには、単に強みを伸ばすだけでは不十分です。強みを活かしやすくするために、その裏側にある弱み、すなわち各タイプが苦手とする脳番地を強化していくことが大切です。

たとえば、**ある特定の分野で優れている一方で、別の分野に弱みがある場合、その弱みを補うことで全体的なバランスが取れ、強みがより際立つようになります。**

これは、子を持つ親にとっても非常に重要な視点です。子どものタイプに応じた強みを理解しつつ、同時に弱みとなる脳番地をサポートすることで、子どもが持つ本来の力を十分に発揮できるようになります。

弱みを補うサポートを通じて、子どもとの信頼関係を強化し、より円満で健全な親子関係を築くことができるでしょう。強みを伸ばすことと同時に、弱みを改善する取り組みを行うことで、親子のコミュニケーションもスムーズになり、双方にとってより充実した日々を送っていけるはずです。

1 「リーダータイプ」の弱みになりやすい記憶系脳番地の鍛え方

リーダータイプの子どもは、情報をインプットする力とアウトプットする力において、特にアウトプット能力に優れていることが多いです。彼ら・彼女らは自分の意見を述べたり、他者を導いたりすることが得意ですが、どのようにして情報を得るか、すなわちインプットの仕方を工夫することで、さらに成長することができます。記憶力を強化することで、リーダータイプはより効率的に情報を整理し、正確に他者に伝えることができるようになります。記憶系脳番地を鍛えるためには、以下のような習慣を取り入れてみましょう。

① 待ち合わせの時間の5分前に到着し、余裕を持って行動することで、時間管理能力と記憶力を高める

②英単語を覚えて、その単語を使って短い文章を作ることで、単語の定着率を上げ、記憶力を強化する

③自分の部屋の不要なものを捨て、整理整頓することで、記憶力を妨げる無駄な情報を排除する

④毎日短い文章を音読し、それを暗記することで、短期記憶と長期記憶の両方を鍛える

⑤その日の出来事を簡単な日記にまとめることで、1日の情報を振り返り、記憶の定着を図る

2 「論理タイプ」の弱みになりやすい感情系脳番地の鍛え方

脳の中で記憶を司る海馬と感情を司る扁桃体は、隣り合って存在していますが、**記憶力が強い子どもはしばしば感情面が弱い傾向が見られます。**特に論理タイプの子どもは、記憶力に長けている反面、共感力が欠けていることが少なくありません。このような子どもは、論理的に物事を考えられる一方で、感情を表現したり他者の感情に共感したりすることが苦手なことが多いです。

共感力を鍛えるためには、以下のような日常の習慣を取り入れてみてください。

---

① 毎朝、鏡の前で笑顔を作り、ポジティブな気持ちを意識的に持つように心がける

② 朝起きたら「今日も楽しい1日になる」と自分に言い聞かせ、前向きな姿勢で

1日をスタートする

③ 人の話を聞いた際には、「それって面白そうだね」などと共感の言葉をかけ、相手との距離を縮める

④ 過去1週間の中でワクワクしたことや嬉しかった出来事を家族や友人に話す

⑤ 好きな映像作品のキャラクターの言動を真似して、自分の感情表現の幅を広げる

3 「クリエイティブタイプ」の弱みになりやすい伝達系脳番地の鍛え方

クリエイティブタイプの子どもは、突如としてさまざまなアイデアや発想が湧き上がることが多く、自分の中で独自の世界を広げるのが得意です。

しかし、**そのアイデアや創作物を他者にうまく説明することは不得意ということがよくあります。**彼ら・彼女らは絵や音楽といった創作物を通して自分を表現するのは得意ですが、それを言葉で伝えるとなると、どう言えばよいか思案してしまいがちです。また、記憶力にも偏りがあり、興味のあることはしっかり記憶している一方、興味のないことや過ぎたことにはあまり関心を持たない傾向もあります。

このタイプの伝達力を強化するためには、次のような方法が効果的です。

① 好きな絵や楽曲を選び、そのどこが特に好きなのかを説明する

② 絵本を声に出してゆっくり読んでみることで、言葉のリズムや表現力を養う
③ 英会話を学び、異なる言語でのコミュニケーション能力を鍛える
④ 自分の作品を大会やコンクールに出品し、他者からのフィードバックを得る機会を作る
⑤ 何かの分野で尊敬できる先生や先輩を見つけ、学びを深めるためのガイドラインを手に入れる

4 「癒やしタイプ」の弱みになりやすい視覚系脳番地の鍛え方

癒やしタイプの子どもは、家族やグループの中で非常に大切な存在です。このタイプの人は、優しさにあふれ、周囲の人々に安心感を与えるため、自然と場の雰囲気を和らげる役割を果たしています。癒やしタイプがいることで、まるで潤滑油のようにチーム全体が円滑に動くようになります。しかし、問題は、癒やしタイプ本人やその周りの人々が、その価値に気づきにくい点にあります。さらに、癒やしタイプは耳からの情報収集が得意ですが、視覚情報に対する注意がやや不足しがちです。そのため、視覚系脳番地を強化することで、よりバランスの取れた情報処理ができるようになるでしょう。

視覚系脳番地を鍛えるためには、次のような活動を日常に取り入れてみましょう。

① 日常的に散歩をしたり、歩く距離を少しずつ増やしたりして、周りの景色を楽しむ

② 旅行を通じてさまざまな景色や文化に触れることで、視覚から新しい情報を得る

③ 球技の部活動に参加し、視覚と体の連携を高めるスポーツを体験する

④ 部屋の本棚を整理して、目に見える環境を整える

⑤ 玄関の靴を揃えるなど、日常の小さな整理整頓を意識して行い、生活空間を視覚的に美しく保つように心がける

5 「バランスタイプ」の弱みになりやすい思考系脳番地の鍛え方

バランスタイプの子どもは、可もなく不可もない性格のため、表面的には問題がないように見えることが多いです。しかし、親としては気づかないうちに、子どもが悩んでいたり、将来やりたいことが決まらず、漠然と日々を過ごしてしまったりすることが少なくありません。もう少し自分の意見や考えを強く主張したり、使命感を持って行動したりすればよいのに、いつの間にか淡々と物事を終わらせてしまうのがこのタイプの特徴です。そのため、バランスタイプは、特に思考力をもう一歩伸ばして、自分の考えをもっと鋭く磨くことが求められます。**思考系脳番地は、15歳から16歳の時期に徐々に発達し始め、伸びやすくなるので、このタイミングを逃さずに鍛えていきましょう。**

思考系脳番地を鍛える具体的な行動習慣はたとえば、次のようなものです。

①1か月ごとに明確で具体的な目標を立て、達成に向けて計画的に行動する
②ボランティア活動に積極的に参加し、他者との交流を通じて新しい視点を学ぶ
③算数や数学の問題に取り組むことで、苦手を克服し得意分野に変える努力をする
④柔軟体操を毎日少しずつ行い、体の動きを意識することで、集中力を高める
⑤自分の興味を広げる習い事に挑戦し、さまざまな経験を積む

6 「フレンドリータイプ」の弱みになりやすい理解系脳番地の鍛え方

フレンドリータイプの人は、天性の親しみやすさを持ち、周囲の人々と自然に打ち解けて楽しい時間を共有する能力があります。この特性は、努力で身につけられる部分もありますが、生まれ持った才能による部分も大きいです。ただし、**フレンドリーなだけでなく、もっと深く相手の話を理解し、記憶に留めて対応できるようになることで、より深い信頼を得られるようになります。**

理解力を鍛えるためには、次のようなステップを取り入れてみてください。

① 検定試験に挑戦して、知識を深める努力をする。目標を持つことで集中力も高まる

② 次の1週間のスケジュールを書き出し、予定をしっかり把握して行動に移す

習慣を持つ

③ 勉強においては、予習を積極的に行い、学習内容を前もって理解しておく

④ 1冊の小説をじっくりと読み込み、物語を通じて多様な視点を理解する

⑤ 提出物は余裕を持って前もって準備し、期日を守る習慣を身につける

7 「多動タイプ」の弱みになりやすい聴覚系脳番地の鍛え方

多動タイプの子どもは、まるで回遊魚のように常に動き回り、1つの場所にじっとしていることが少ないです。このタイプは、一見したところ人の話を聞いていないように見えることもありますが、実はしっかりと内容を聞き取っていることもあります。また、多動であるため、複数のことを同時進行したがる傾向があり、欲張りな一面もあります。このような子どもは、自発的で行動力（旺盛な行動力は、リスクの高さとも言えます）があるため、失敗も多いですが、その分成功のチャンスもたくさんあります。結果として、多動タイプの人生は激動のものになりやすいです。しかし、**人の話をもっとじっくりと聞き、内容をよく理解してから行動すれば、不要な失敗を減らし、成功への道をよりスムーズに進むことができる**でしょう。

聴覚系脳番地を鍛え、聞く力を高めるために、次の方法を実践してみましょう。

① 今聞いた話をすぐに復唱することで、内容を確認し、記憶に残しやすくする
② 授業や講義では、先生の話をノートにしっかりとメモし、情報を整理する習慣をつける
③ 楽器を演奏することで、聴覚を使いながらリズム感を鍛え、集中力を高める
④ テレビよりもラジオを聴くようにし、耳から入る情報を意識して受け取る練習をする
⑤ ゆっくりと深呼吸しながら、1から5まで数えることで、リラックスしながら集中力を高める

8 「エキスパートタイプ」の弱みになりやすい運動系脳番地の鍛え方

エキスパートタイプの子どもは、興味のあることに強く惹《ひ》かれ、それに夢中になってしまう傾向があります。好奇心が旺盛で、好きなことにはとことんのめり込みますが、その反面、座ったまま長時間作業を続けることが多く、運動不足になりやすいという特徴もあります。たとえば、釣りが趣味であれば外に出かけることもあるかもしれませんが、基本的には座っていることが多く、運動の習慣がつきにくい傾向があります。**頭脳労働に偏りすぎてしまい、体を動かす機会が少ないと、行動力が伴わず、体力が落ちてしまう**可能性があるのです。

そこで、運動系脳番地を鍛えるために、日常生活の中に少しずつ運動を取り入れていきましょう。以下を試してみてください。

①毎日ゆっくりとしたペースで腕立て伏せを5回行い、筋力を少しずつつける
②スクワットを5回行うことで、下半身の筋力を強化し、体のバランスを整える
③日常生活でできるだけ歩く距離を増やし、階段を使うなどの工夫をして、意識的に体を動かす
④格闘技や個人競技を習うことで、全身の筋力と持久力を鍛え、自己防衛の技術も身につける
⑤卓球やテニスなど、瞬発力と集中力を必要とするスポーツに挑戦し、体と頭の両方を使って鍛える

おわりに　脳に長所があるからこそ欠点に気がつく

人は悩んだり、困ったりすることがあると、どうしても「欠点」に目を向けてしまいます。しかし、脳が働いていなければ欠点には気づきません。その働いている脳こそが長所であり強みなのです。

この子は「普通」と違う、どこか脳がおかしいのではないか。自分は「普通」と違う、どこか脳がおかしいのではないか。我が子を見ていて、あるいは自分自身に対して、そんな不安がよぎることがあるかもしれません。

「できないこと」が気になるあまり、すでに表現されている素晴らしい個性に気づきにくくなってしまうのです。困ったときこそ、できることに目を向けて、強みを見つけることが最善であり、親の役目、教育者の務めです。

私自身、小児科医として、クリニックに来院されるたくさんの親御さんと接するなかで、「できないことばかりの我が子」の現状をネガティブに捉えてしまっている様子を数え切れないほど目にしてきました。

でも、本書で述べてきた通り、本当に重要なのは、個々の脳が「今あるがまま」に何を表現しているのか、その表現されている能力に「親の光を当てる」ことです。まさしく植物の光合成のように、光を当てられたところは健やかに育つでしょう。

「ない」ものではなく、すでに「ある」もの、「現れているもの」に目を向ける。さらには「できないこと」の裏側には素晴らしい宝物があるのだという意識で向き合うことが、個々の脳を輝かせることにつながるのです。

欠点に見えるものは実は欠点ではなく、すごい個性の源泉である。そのことに気づいていただきたくて、本書を書きました。

今後、本書を手にした皆さんとお子さんが、それぞれに無理をすることなく、「今あるがまま」に明るい脳の未来を歩んでいかれることを願っています。

2025年1月

加藤プラチナクリニック院長・医学博士

加藤俊徳

著者略歴

加藤俊徳（かとう・としのり）

脳内科医。小児科専門医。医学博士。加藤プラチナクリニック院長。株式会社「脳の学校」代表。

昭和大学客員教授。米国・ミネソタ大学放射線科でMRI脳画像研究に従事。加藤式MRI脳画像診断法（脳個性診断）を用いて1万人以上を診断・治療。脳の成長段階、強み弱みを診断し、学習指導、適職相談など脳がよくなる治療を行う。脳番地トレーニング、脳活性助詞強調おんどく法を開発・普及。著書に、『成績が上がる！ 10歳からの脳タイプ別勉強法』（世界文化社）、『「忘れっぽい」「すぐ怒る」「他人の影響をうけやすい」etc. ADHDコンプレックスのための“脳番地トレーニング”』（大和出版）などがある。著書・監修書は累計300万部を超える。

「脳番地」（商標登録第5056139 ／第5264859）は脳の学校の登録商標です。

加藤式MRI脳画像診断をご希望の方は、以下のサイトをご覧ください。

加藤プラチナクリニック公式サイト　https://nobanchi.com

SB新書　686

子《こ》どもの脳《のう》は8タイプ

最新脳《さいしんのう》科《か》学《がく》が教《おし》える才能《さいのう》の伸《の》ばし方《かた》

2025年3月15日　初版第1刷発行
2025年3月27日　初版第2刷発行

著　　者　加藤《かとう》俊徳《としのり》
発 行 者　出井貴完
発 行 所　SBクリエイティブ株式会社
〒105-0001　東京都港区虎ノ門2-2-1
装　　丁　杉山健太郎
イラスト　芦野公平
本文デザイン DTP　株式会社キャップス
校　　正　有限会社あかえんぴつ
編　　集　小倉 碧
編集協力　福島結実子（株式会社アイ・ティ・コム）
印刷・製本　中央精版印刷株式会社

本書をお読みになったご意見・ご感想を下記URL、
または左記QRコードよりお寄せください。
https://isbn2.sbcr.jp/27195/

落丁本、乱丁本は小社営業部にてお取り替えいたします。定価はカバーに記載されております。
本書の内容に関するご質問等は、小社学芸書籍編集部まで必ず書面にて
ご連絡いただきますようお願いいたします。

ISBN　978-4-8156-2719-5